Resolver conflictos

en el trabajo y en nuestra vida

Dale Carnegie

Resolver conflictos
en el trabajo y en nuestra vida

EDICIONES OBELISCO

Si este libro le ha interesado y desea que le mantengamos informado
de nuestras publicaciones, escríbanos indicándonos qué temas son de su interés
(Astrología, Autoayuda, Ciencias Ocultas, Artes Marciales, Naturismo,
Espiritualidad, Tradición...) y gustosamente le complaceremos.

Puede consultar nuestro catálogo en www.edicionesobelisco.com

Colección Nueva Conciencia
RESOLVER CONFLICTOS EN EL TRABAJO Y EN NUESTRA VIDA

1.ª edición: octubre de 2013

Título original: *Resolving Conflicts On the Job And in Our Lives*

Traducción: *Ainhoa Pawlowsky*
Corrección: *M.ª Jesús Rodríguez*
Diseño de cubierta: *Enrique Iborra*

© Dale Carnegie Associates
Exclusive worldwide rights in all languages licensed exclusively
by JMW Group Inc., Larchmont, New York, USA.
TM Owned by Dale Carrengie Associates.
(Reservados todos los derechos)
© 2013, Ediciones Obelisco, S. L.
(Reservados los derechos para la presente edición)

Edita: Ediciones Obelisco, S. L.
Pere IV, 78 (Edif. Pedro IV) 3.ª planta, 5.ª puerta
08005 Barcelona - España
Tel. 93 309 85 25 - Fax 93 309 85 23
E-mail: info@edicionesobelisco.com

Paracas, 59 C1275AFA Buenos Aires - Argentina
Tel. (541-14) 305 06 33 - Fax: (541-14) 304 78 20

ISBN: 978-84-15968-03-0
Depósito Legal: B-24.035-2013

Printed in Spain

Impreso en España en los talleres gráficos de Romanyà/Valls, S.A.
Verdaguer, 1 - 08786 Capellades (Barcelona)

Prefacio

Todos los conflictos que afrontamos en la vida tienen un lado que puede ser potencialmente positivo y un lado que puede ser potencialmente negativo. Pueden ser una fuente de inspiración, conocimiento, aprendizaje, trasformación y crecimiento, o de furia, temor, vergüenza, incitación y resistencia. La decisión no depende de nuestros rivales sino de nosotros y de nuestra disposición a afrontar y vencer los conflictos.

Kenneth Cloke y Joan Goldsmith, asesores y escritores

ෆ

Vivimos en un mundo discordante. Muchas veces las cosas no trascurren del modo en que nos gustaría, especialmente en el trabajo, donde surgen conflictos entre nosotros y nuestros compañeros, supervisores, clientes, vendedores y otras personas de nuestro entorno laboral.

En nuestra vida privada, vivimos situaciones conflictivas con personas de nuestra comunidad, miembros de asociaciones y organizaciones a las que pertenecemos, adversarios políticos y, con frecuencia, con nuestros propios familiares. Incluso aunque no estemos directamente implicados en el conflicto, quizás la situación nos afecte negativamente y sí nos veamos implicados en su resolución.

En este libro examinaremos las causas de los conflictos y proporcionaremos pautas para abordarlos.

Entre otros aspectos, trataremos de:

- Identificar las fuentes del conflicto para poder determinar el modo de evitarlo.
- Descubrir conflictos ocultos para sacarlos a la luz.
- Proponer pautas para que las situaciones conflictivas sean productivas.
- Superar los conflictos sin resentimientos.
- Identificar las cuestiones que nos resultan candentes y cómo abordar la falta de acuerdo.
- Entender la perspectiva de los demás y exponer nuestra opinión de manera que nos permita ganar mayor aceptación.

Deberíamos poner todo nuestro empeño lo más rápidamente posible en resolver los conflictos. La falta de acuerdo en el trabajo perturba nuestra propia productividad y, si no lo resolvemos pronto, puede afectar a la moral de todo el equipo o departamento. El hecho de no lograr resolver los conflictos en nuestras relaciones personales puede dar lugar a un resentimiento duradero y, en última instancia, a la pérdida de amigos y el ostracismo social. Si el conflicto es con miembros de nuestra familia, tal vez nos descubramos peleando constantemente y viviendo en un entorno polémico, quizá la unidad familiar acabe por disolverse del todo.

- Determinar cuándo es necesaria la mediación.
- Asegurar que todos escuchan con imparcialidad a quienes están viviendo un conflicto.
- Facilitar la comunicación entre los individuos en conflicto.
- Orientar a los involucrados hacia la resolución del conflicto.
- Forjar relaciones más sólidas mediante la resolución próspera de un conflicto.
- Crear un entorno de confianza y que fomente la comunicación.

Los problemas que surgen a raíz de conflictos y desacuerdos en el lugar de trabajo no sólo afectan al equipo, al departamento y a la empresa, sino que también ejercen una importante influencia en las emociones de los individuos involucrados. Hablaremos asimismo de cómo podemos abordar el conflicto con madurez, lo que engloba los siguientes aspectos:

• Comprometernos con principios para mantener bajo control las emociones.
• Mantener el equilibrio cuando hablemos de un asunto conflictivo con otra persona.
• Comprender nuestras reacciones ante las situaciones conflictivas.
• Saber expresar el desacuerdo de un modo agradable.

Hablaremos de técnicas de negociación efectiva y aprenderemos a prepararnos para llevar a cabo una discusión fructífera sobre una cuestión en la que discrepamos. También aprenderemos a exponer los mejores argumentos para expresar nuestro punto de vista, y a saber cuándo y cómo alcanzar acuerdos satisfactorios, lo que incluye la importancia de llegar a una solución en la que todos ganen para que cada parte sienta que esa solución le beneficia.

Admitimos que habrá ocasiones en la que no lograremos imponer nuestra postura. La derrota y la decepción hunden la moral de algunas personas.

En el último capítulo de este libro aprenderemos a superar las pérdidas y a recuperarnos con una renovada actitud positiva, listos para afrontar nuevos desafíos en el camino hacia el éxito.

Comprender cómo afrontar los conflictos inevitables que encontramos en nuestro trabajo y en nuestra vida es esencial no sólo para ser trabajadores productivos, sino también personas felices, satisfechas y prósperas en nuestras relaciones personales.

Dominar las habilidades para resolver conflictos y negociar eficazmente resultados en los que todos salgan ganando puede ser una experiencia gratificante y emocionante. En el trabajo, no sólo contribuiremos al éxito de nuestra empresa, sino que también mejoraremos nuestro estatus personal. Y lo que es más importante aún: aumentará nuestra satisfacción laboral. En nuestra vida familiar o social, fomentaremos la armonía y nos aseguraremos de que los malentendidos no degeneran en resentimientos.

1

El conflicto: una oportunidad para crecer

La mayoría de nosotros consideramos que el conflicto es una de las experiencias menos positivas que encontraremos a lo largo de nuestra vida laboral. En consecuencia, no tendemos a considerar que el conflicto pueda ser una oportunidad, sino más bien un obstáculo.

Es probable que esta concepción esté reforzada por el hecho de que las empresas no facilitan los instrumentos para utilizar el conflicto de forma positiva y eficaz, ni apoyan una cultura organizativa en la que el conflicto genere una oportunidad para el crecimiento individual y de la empresa.

En este capítulo explicaremos cómo llegar a un compromiso en las situaciones de desacuerdo para mejorar nuestro entorno laboral y crecer en nuestra empresa.

Primero echaremos un vistazo a los diversos aspectos negativos que pueden tener los conflictos en el trabajo, y más adelante aprenderemos de qué forma los conflictos pueden ser oportunidades para potenciar y desarrollar nuestra empresa.

En la vida de una persona existen tres principios: el principio de pensamiento, el principio de habla y el principio de acción. El origen de todos los conflictos con mis compañeros radica en que no digo lo que pienso y no hago lo que digo.

Martin Buber

Por qué el conflicto puede impedir el crecimiento individual

A pesar de que queremos centrarnos en cómo abordar el conflicto de forma positiva para sacar provecho de él, primero observaremos cómo el conflicto puede ser un obstáculo para nuestro crecimiento profesional. Por ejemplo, es posible que varios miembros influyentes de nuestra empresa discrepen con nosotros sobre una cuestión importante, o que las circunstancias que antes nos favorecían ahora hayan cambiado repentinamente. Quizás, incluso, hayamos descubierto que nuestros rivales ponen obstáculos en nuestro camino. A continuación, vamos a observar qué yace bajo la superficie de algunas de estas situaciones:

- *Incapacidad para aceptar el cambio.* Estamos preparados para iniciar un cambio importante en un método o sistema, pero los miembros de nuestro equipo se muestran reacios a cooperar con nosotros. Algunos se ponen a la defensiva cuando les piden cambiar (en esencia, muchas personas consideran el cambio como algo aterrador), y convierten la petición de un cambio en una situación conflictiva. Buena parte de los conflictos en el trabajo surgen a raíz de la resistencia de algunas personas frente a las ideas nuevas. Debemos sustituir ideas como «nunca lo hemos hecho así» o «lo probamos una vez y no funcionó» por una actitud de descontento constructivo. Tal y como nos enseñaron Frank y

Lillian Gillbreth, pioneros en gestión científica, debemos buscar la mejor manera y, cuando creamos que la hemos encontrado, seguir buscando una manera todavía mejor. Para facilitar la transición, debemos crear un clima que propicie la comunicación en el seno del equipo con el fin de que se escuchen y acepten las nuevas ideas.

- *Inquietud con el conflicto.* Otro motivo por el que surgen tensiones es porque muchas personas no saben cómo responder con eficacia al desacuerdo. Todos hemos trabajado con personas que de pronto parecen estar muy ausentes, tal vez debido a su necesidad de permanecer alejadas de alguien (o de algún asunto) de la empresa con quien están en conflicto. Estas personas posponen la resolución de los problemas, causan retrasos en la materialización de las ideas y con frecuencia sabotean los esfuerzos de toda la empresa. La inquietud respecto al conflicto puede conducir a la evitación del asunto, y si somos una parte del desacuerdo, o estamos vinculados de alguna manera a alguna parte del mismo, tal vez descubramos que alguna o algunas de nuestras relaciones en la empresa se han tornado agrias.

- *Nuestro comportamiento agrava el desacuerdo.* No siempre es culpa de los demás que los conflictos permanezcan sin resolver, sino que con frecuencia la culpa es nuestra. Muchas veces cuando no estamos de acuerdo con alguien, nuestra capacidad de escuchar es lo primero que echamos por la borda. Nos volvemos más cortantes, menos cordiales y nos mostramos menos dispuestos a expresarnos abiertamente.

Por ejemplo, a Ashley le había surgido un gran problema que le impedía obtener importantes datos necesarios para terminar su proyecto, y estaba aterrorizada. Sólo quedaban unos días para la fecha de entrega y, si no llegaba a tiempo, interrumpiría la labor de los demás grupos implicados. Para tratar de superar el problema se cerró en sí misma, intentando solucionarlo ella sola. Sin embargo, como no pidió ayuda y ni siquiera se mostró abierta a las sugerencias de los demás miembros de su equipo, limitó sus opciones de obtener los datos que necesitaba para terminar el proyecto. Ashley contribuyó a su propio problema porque se negó a pedir ayuda a los demás.

El efecto de los conflictos no resueltos

Existen relativamente pocos trabajos en los que uno debe actuar solo. En la mayoría de trabajos cooperamos con los demás y, a menos que haya armonía en el grupo, surgirán problemas constantemente. Esto no significa que todos los miembros del grupo o el equipo deban estar de acuerdo siempre en todo. Normalmente habrá diferentes opiniones y eso no es necesariamente malo. La disparidad de opiniones muchas veces conduce a soluciones creativas a los problemas. Sin embargo, si el desacuerdo es constante (especialmente entre las mismas personas), el conflicto dominará las interacciones del grupo. De hecho, los conflictos no resueltos no sólo dificultan nuestro propio crecimiento personal, sino que también pueden deteriorar el crecimiento de toda la empresa. Ralentizan los procesos, disminuyen el rendimiento de los trabajadores, hunden la moral e, incluso, es probable que la situación afecte a nuestros contratistas y clientes.

Efectos cuantificables

Un importante efecto cuantificable de los conflictos no resueltos es el descenso de la productividad. A menos que podamos resolverlos rápidamente, es probable que el proyecto se paralice o que disminuyan los servicios facilitados por la empresa, a consecuencia de lo cual se incumplen los plazos de entrega, se retrasan las entregas y crece la insatisfacción de los clientes. A su vez, se pierden ingresos y la relación con los clientes se deteriora.

La caída de la moral también afecta a la productividad. Los empleados involucrados en desacuerdos experimentan tristeza y frustración, lo que conduce a un aumento del absentismo, a la petición de días personales no previstos y a la ralentización del trabajo.

En cuanto a esto último, a muchos de nosotros la presión de hallarnos en situaciones conflictivas nos paraliza la mente, disminuye la energía y consume la motivación. Cuando estemos fatigados o nos sintamos demasiado presionados, conviene que nos tomemos un respiro y sigamos las tres «erres» de la recuperación: reposar, relajarnos y recargarnos.

William y Harry discrepaban constantemente. Los dos observaban cada situación sólo desde su propia perspectiva. La principal preocupación de William era el coste; la de Harry, la productividad. Después de una amarga disputa sobre si adoptar un método distinto para un proceso de fabricación, en la que Harry se había impuesto, había surgido otro conflicto entre ellos. William sabía que estaba demasiado cansado y estresado como para responder bien a otro desacuerdo. Convenció a su jefe para que aplazara la nueva cuestión hasta la semana siguiente. Durante esos días, William se tomó un tiempo para alejarse de la situación. Puesto que abordó tareas menos exigentes del trabajo y jugó al golf el fin de semana, pudo recargar las pilas y, al llegar el lunes, prestar toda su atención al nuevo problema.

Con frecuencia, los conflictos detienen toda acción entre las dos partes implicadas, de forma que éstas se estancan. Cuando a las dos partes les resulta incómodo abordar el conflicto, la situación se bloquea durante un largo período de tiempo y se impide el crecimiento de la empresa.

Allan siempre ha dirigido el departamento de transporte, o por lo menos eso parece. Desde los inicios y la creación de la empresa, ha estado trabajando en ella y ha gestionado el sistema de transporte. Hace unos años la empresa contrató a Jason, un chico recién licenciado, y lo asignó al departamento de transporte. A Jason le horrorizaron los métodos tan arcaicos que utilizaban en el departamento y sugirió a Allan algunos cambios, pero éste no sólo se negó siquiera a escuchar sus ideas, sino que además se quejó a uno de sus compañeros: «Este chaval universitario, que se cree que lo sabe todo, está intentando decirme cómo debo dirigir mi departamento».

Por el modo en que Allan lo trataba, Jason no tenía la menor duda de que su perspectiva atrevida no le agradaba, y cuando llegó el momento de la primera evaluación anual de Jason, Allan escribió que éste desempeñaba bien sus tareas, pero que no sabía trabajar en equipo. Como consecuencia, Jason dejó la empresa poco tiempo después y se fue a trabajar a otra con ideas más progresistas. La empresa de Allan no cambió el sistema de transporte y perdió algunos clientes, que prefirieron empresas de la competencia porque proporcionaban un servicio más rápido.

Tal y como ilustra esta historia, otro de los efectos del conflicto en el lugar de trabajo es la posibilidad de que los empleados descontentos dejen la empresa. Sustituirlos no sólo consume tiempo, sino que también es costoso. Además del tiempo y del coste que supone contratar nuevos empleados, transcurre un período de tiempo importante hasta que éstos contribuyen eficazmente a la empresa.

Los trabajadores que experimentan tensiones y conflictos en el lugar de trabajo es probable que generen bienes y servicios de baja calidad. En consecuencia, la empresa tendrá que desembolsar más dinero para mejorar la calidad de sus productos.

Por último, la baja productividad puede impedir el cumplimiento de los plazos de entrega, lo cual no sólo resulta en una pérdida de ventas, sino que también puede llevar a un costoso litigio.

Efectos no cuantificables
Además de los problemas cuantificables de los conflictos no resueltos, *también existen problemas menos tangibles*.

Los conflictos prolongados socavan la confianza y el respeto. La confianza es el elemento más importante para forjar relaciones profesionales prósperas y duraderas. Las personas que se ven involucradas en conflictos tienen poca confianza entre ellas y con frecuencia se pierden el respeto mutuamente.

Además, los conflictos entre personas tienden a perpetuarse en forma de desacuerdos sobre cuestiones del día a día. En cuanto se instaura una actitud conflictiva entre los miembros de un equipo, los desacuerdos no sólo se convierten en algo normal, sino que los conflictos se vuelven habituales. Obviamente, un entorno por lo general hostil es a la vez desagradable y poco productivo.

Deterioro de la actitud

Las situaciones conflictivas rara vez son beneficiosas para nuestra actitud. Nos sentimos incómodos cuando ocurren, tanto si estamos directamente implicados en ellas como si somos testigos de un conflicto entre compañeros de trabajo. Este malestar debilita nuestra actitud, de lo contrario positiva, respecto a nuestro equipo y empresa. Nadie goza trabajando en un entorno hostil. Una de las causas frecuentes del elevado cambio de personal en un departamento es el hecho de hallarse en unas condiciones de trabajo desagradables.

Otro de los resultados de los conflictos continuos en el lugar de trabajo es la pérdida de la motivación entre los empleados. Cuando sentimos que estamos estancados en un conflicto duradero, tal vez nos digamos a nosotros mismos: «¿Por qué he de hacerlo bien? Sólo voy a conseguir tener a alguien molestándome por muy bien que lo haga». De este modo, perdemos la motivación para perseguir la excelencia en nuestra ocupación.

Shelly es un buen ejemplo de una empleada que ha perdido el entusiasmo. Cuando su empresa la contrató, estaba encantada con la idea de trabajar para Margo, una de las ejecutivas de cuentas más importantes de la industria de la publicidad. Sin embargo, Michael, su supervisor directo, uno de los varios asistentes de Margo, rara vez dejaba que Shelly se acercara a Margo. Todas las ideas de Shelly tenían que pasar por él, y con frecuencia las rechazaba sin ni siquiera transmitírselas a Margo ni proponiéndole cómo podía mejorarlas. Shelly había tenido la esperanza de que Margo pudiera darle su opinión a fin de poder aprender y crecer en el trabajo. Como consecuencia, Shelly hizo todo lo que le decía Michael –pero nada más– y comenzó a buscar un nuevo trabajo.

Si Margo hubiera sido tan buena liderando el equipo como lo era administrando cuentas, habría observado la tensión entre Shelly y Michael y habría intervenido para resolverla. De este modo, habría podido mejorar las habilidades de Michael como supervisor y el talento de Shelly como ejecutiva de cuentas.

Los conflictos en el trabajo también pueden llevarnos a tomar malas decisiones.

Cathy, la directora de Recursos Humanos, había pedido a Bob y a Ben que valoraran y recomendaran dos paquetes de asistencia sanitaria que la empresa estaba sopesando. Bob había elegido el menos costoso, pero también el menos completo de los dos. Ben había discrepado efusivamente, argumentando que la cobertura más completa beneficiaría más a la empresa a largo plazo porque permitiría que los trabajadores estuvieran más sanos, lo cual reduciría el absentismo y serviría para atraer trabajadores más valiosos. Cathy coincidió con Bob y compró la cobertura más barata. Con las prisas por poner fin a la discordia, tomó una decisión sin investigar si había otras coberturas mejores en su relación calidad-precio.

Las malas decisiones también pueden derivar de la confusión que generan los conflictos. Es probable que cada parte en conflicto presente ideas, pruebas e información que respalde su punto de vista. Puesto que estos argumentos tienden a exponer de forma más convincente el punto de vista de quien los defiende, tal vez nos confunda el hecho de no saber qué información es verdaderamente pertinente. Después de haber escuchado las dos partes, conviene enumerar las cuestiones que ha defendido cada una y luego compararlas.

Por ejemplo, Barry y Gary tienen distintas maneras de abordar un problema. Cuando cada uno de ellos expone su argumento, anotamos las cuestiones más importantes. A continuación, escribimos los aspectos del proyecto en una hoja de cálculo y, al lado de cada aspecto, el material que ha mencionado cada uno. Ahora podemos comparar sus argumentos y tratar de sonsacarles información adicional con objeto de aclarar cualquier malentendido. Advertimos que las cifras relativas al coste difieren significativamente entre sí. Al preguntarles cómo han realizado sus cálculos, descubrimos que Barry ha incluido gastos indirectos y otros gastos no especificados, y Gary sólo ha incluido los gastos directos. Si realizamos los ajustes necesarios, eliminaremos la confusión entre ellos.

Otra consecuencia de los conflictos no resueltos es la necesidad de que haya una mayor supervisión o dirección de las tareas del grupo. Puesto que el conflicto entre los miembros de un grupo o equipo ralentiza el trabajo o incluso interfiere en el rendimiento, el supervisor debe intervenir y sacar tiempo de sus otras tareas para poner fin al conflicto o asumir el mando de la tarea y asignarla de nuevo a los miembros de otro equipo. Para ello, no sólo es necesario que el supervisor dedique tiempo y esfuerzo a la formación del nuevo grupo, sino que en algunos casos también requiere que haga una parte o todo el trabajo a fin de cumplir con el plazo de entrega.

Cuando surgen conflictos en un departamento o equipo de forma ocasional, rara vez afectan a la motivación, el entusiasmo y la lealtad hacia la empresa. Sin embargo, si los conflictos en el seno de un grupo son recurrentes, estos importantes componentes de un entorno laboral agradable sufren gravemente. La moral decae cuando hay disputas entre compañeros de trabajo una y otra vez, y no sólo se manifiesta en un incremento del absentismo, la impuntualidad y el cambio de personal, como hemos dicho antes, sino que discutir constantemente sobre un problema tras otro también agrava la disensión, reduce el respeto de los trabajadores por su supervisor y por sus jefes y disminuye su lealtad con la empresa. En los lugares de trabajo donde no están presentes los sindicatos, es posible que los trabajadores formen uno o se afilien a alguno de los existentes. En las empresas que hay sindicatos, los conflictos recurrentes también pueden manifestarse en un aumento de las quejas formales (*véase* capítulo 6).

Los efectos no cuantificables de los conflictos también pueden manifestarse fuera de la empresa. Uno de ellos es la pérdida de oportunidades y la posible pérdida de la cuota de mercado.

La empresa de publicidad Creative Concepts estaba compitiendo por firmar un contrato con un vendedor líder de pequeños electrodomésticos. Los empleados del departamento de redacción y del departamento artístico no podían ponerse de acuerdo con la presentación. Cada grupo estaba seguro de que su propuesta era la mejor. Para cuando llegaron a un acuerdo, una agencia de la competencia ya había hecho su presentación y le habían concedido el contrato.

Un lugar de trabajo discordante también puede ofrecer una mala imagen de la empresa dentro del sector o del mercado. Cuando en una empresa abundan los conflictos, no es un secreto que sólo se sepa dentro de esa empresa. Los empleados de otras oyen hablar del problema a personas que han dejado esa empresa y que han solicitado trabajo en sus empresas. Los clientes lo captan cuando una empresa no sabe gestionar bien sus pedidos o bien los reciben con retraso. Una mala imagen pública dificulta que la empresa pueda atraer trabajadores cualificados y, con frecuencia, también nuevos clientes.

Como hemos mostrado, un requisito básico para el éxito de cualquier iniciativa es un entorno armonioso. El conflicto no sólo destruye la armonía sino que también tiene repercusiones que se prolongan mucho más allá de la situación inmediata.

ஐ

La verdad es que es más probable que nuestros mejores momentos ocurran cuando nos sentimos profundamente incómodos, infelices o insatisfechos, porque sólo en momentos así, impulsados por nuestro malestar, es más

probable que salgamos de nuestras rutinas y empecemos a buscar maneras
distintas o respuestas más verdaderas.

M. Scott Peck

ఐ

Fortalecer la confianza a través del conflicto

Irónicamente, después de una situación conflictiva tenemos la oportunidad de llevar una relación a un grado mayor de confianza. Pensemos en algún momento en el que hayamos tenido que llevar nuestro coche al concesionario para una reparación. Es posible que la situación nos haya frustrado e irritado. Si nuestro concesionario se ocupa con éxito de la situación, en el futuro lo preferiremos por encima de cualquier otro. Confiamos en que conseguirá resolver cualquier problema. Con objeto de aumentar el grado de confianza en las situaciones conflictivas, debemos ser capaces de:

Adaptarnos

Nada es más irritante que estar en conflicto con personas que se ciñen con rigidez a sus ideas y que no están dispuestas a adaptarse a la situación en cuestión. Conviene que estemos dispuestos a observar la situación de manera objetiva y a deshacernos de los resentimientos, las ideas sesgadas y la inflexibilidad.

Al igual que en un conflicto hay dos caras, también hay dos formas de abordar un desacuerdo de manera objetiva. Podemos ser la parte inflexible, o bien pueden serlo los demás.

Con frecuencia confiamos tanto en que nuestras ideas o nuestra postura es la correcta, que creemos que cualquiera que discrepe debe estar equivocado. Es una trampa en la que resulta fácil caer, especialmente en el caso de hombres y mujeres que han afrontado problemas similares en el pasado. Estamos tan seguros de nosotros mismos que nos negamos siquiera a considerar puntos de vista alternativos. Esta postura no lleva a ninguna parte. Debemos capacitarnos para observar de manera objetiva las ideas que difieren de las nuestras y analizar las ideas nuevas sin prejuicios. Aun así puede que no las aceptemos, pero nuestra decisión se basará en los pros y contras de esa idea, no en nuestras opiniones sesgadas.

Es más difícil cuando las personas inflexibles no están dispuestas a analizar nuestras ideas de manera objetiva, pues no es fácil dominar su actitud. Para ganarnos su aceptación, debemos utilizar todas nuestras habilidades de persuasión.

Mantener una relación afectuosa

Por mucho que tengamos puntos de vista opuestos no significa que debamos tratarnos con frialdad y grosería. El comportamiento hostil sólo agrava el resentimiento. Debemos tratar de seguir conectando con la otra persona en un plano humano. Si seguimos los consejos de Dale Carnegie para ganar amigos e influir sobre las personas (*véase* el Apéndice B), podremos mantener una atmósfera cálida, amistosa, cooperativa y colaborativa en nuestro entorno laboral.

Encontrar valores compartidos

Algunas veces, quienes están en conflicto se centran en los aspectos secundarios de la situación. Si podemos centrarnos en lo que es más importante para el otro y en buscar valores compartidos, con frecuencia encontraremos una manera de resolver el conflicto.

Barry se quejó a Ed, el director de ventas, en relación a los nuevos formularios de los informes de ventas.

—Es ridículo, necesitaremos horas para rellenarlos. Sería mejor invertir este tiempo visitando clientes. No necesitamos anotar toda esta información –dijo.

Ed le respondió:

—Sí, necesitaremos más tiempo para rellenar los nuevos formularios, pero también debemos considerar qué nos proporcionan a diferencia de los antiguos.

Ed le explicó por qué era necesaria la información adicional que requerían y cómo podía emplearla Barry para servir a sus clientes y aumentar el volumen de ventas. Cuando Barry lo comprendió, aceptó la idea de buena gana.

Actuar en función de lo que nos dicen

Si otra persona tiene un problema con nosotros y se siente lo bastante convencida como para comunicárnoslo, como profesionales, es responsabilidad nuestra actuar en función de lo que nos dice. Mostraremos nuestra buena voluntad si tratamos de llevar el conflicto a una solución que sea aceptable para ambos.

Poco después de que Fred asumiera el cargo de supervisor del departamento de tecnologías de la información, advirtió que Jordan, uno de sus técnicos, discrepaba sistemáticamente con todas las decisiones que tomaba. Incluso después de hablar detenidamente con él sobre las ventajas de una decisión, Jordan sólo la aceptaba a regañadientes. Su falta de entusiasmo ralentizaba la implementación del cambio.

A pesar de todos sus esfuerzos por convencer a Jordan, Fred sólo hizo que agravar la situación. La actitud negativa de Jordan –aparentemente con todo– afectaba a la capacidad de Fred de dirigir con eficacia su departamento. Fred admitió que necesitaba ayuda en su relación con Jordan, así que informó del problema a Lisa, la directora de recursos humanos. Lisa investigó la situación y descubrió que Jordan había esperado que lo ascendieran a supervisor de tecnologías de la información y le molestaba que hubieran contratado a Fred, alguien de fuera de la empresa, para ese cargo. Hasta la fecha, la labor de Jordan, a pesar de no ser extraordinaria, había sido muy buena, y era considerado un trabajador afable. Había recibido formación adicional y estaba haciendo muchos progresos, pero ni su jefe ni la directora de recursos humanos habían pensado en ascenderlo.

Lisa se sentó con Jordan y le explicó por qué no lo habían tenido en cuenta. Señaló que era un buen especialista en tecnologías de la información, pero que para ascender a un cargo de dirección no sólo era necesario realizar bien el trabajo, sino también saber trabajar en equipo. Le hizo saber asimismo que la empresa disponía de programas de formación en dirección y que, si Jordan seguía haciendo un buen trabajo y retomaba su actitud de cooperación, la empresa lo tendría en cuenta y le ofrecería formación para un futuro ascenso.

Cabe advertir que cuando Fred admitió que había un problema, primero trató de resolverlo él mismo, como no lo consiguió, llevó el asunto a los empleados de recursos humanos, que tenían la pericia y la objetividad necesarias para entender a Jordan y resolver el problema.

Hacer un seguimiento

No podemos simplemente alejarnos de un conflicto y esperar a que todo se resuelva. Las personas necesitan tiempo para calmarse y elaborar las soluciones. En cuanto lleguemos a una solución, deberíamos hacer un seguimiento con la otra persona y comprobar si hemos superado el conflicto en nuestra relación.

Por ejemplo, en la situación descrita sobre Fred y Jordan, es importante que Fred haga un seguimiento de vez en cuando para asegurarse de que Jordan sigue los pasos acordados. No puede asumir que el hecho de que Jordan lo haya aceptado como supervisor le haya ayudado a aliviar todo el resentimiento que sentía.

Después de su charla con Jordan, Lisa informó a Fred y luego reunió a ambos para asegurarse de que comprendían y estaban de acuerdo con los siguientes pasos. Fred dejó de comportarse como hasta entonces para colaborar con Jordan y los cambios que estaba implementando. Durante los siguientes años, a pesar de que Jordan y Fred nunca se hicieron muy amigos, cooperaron como miembros de un equipo y Fred enseñó con éxito a Jordan a prepararse para su posible ascenso.

Cambiar el propio modo de pensar

¿Cómo podemos esperar que los demás cambien si ni siquiera nosotros somos capaces de hacerlo? Alguien dijo una vez que la locura significa hacer lo mismo repetidamente pero esperar resultados distintos.

Cuanto más consideremos que el conflicto es un obstáculo, más connotaciones negativas atribuiremos a la situación y a las personas involucradas. Debemos examinar de cerca nuestro modo de pensar y sustituir nuestras ideas negativas por positivas. Cuando tratemos de ver que cada conflicto es una oportunidad, veremos cómo nuestras ideas positivas refuerzan una actitud positiva.

Charlas con nosotros mismos positivas versus negativas
Las palabras que utilizamos para «hablar» con nosotros mismos sobre los conflictos que afrontamos tienen un gran poder en la formación de nuestra actitud hacia éstos.

Tal vez no nos demos cuenta, pero siempre estamos hablando con nosotros mismos. Aquello que nos decimos en un plano subconsciente se proyecta en nuestro consciente y, en efecto, realiza nuestras elecciones por nosotros. Si tenemos pensamientos negativos sobre una situación, actuaremos de forma negativa, mientras que si tenemos pensamientos positivos, reaccionaremos de forma positiva.

Por ejemplo, si nos decimos «esta tarea es demasiado difícil para mí», tenemos escasas posibilidades de realizarla con éxito. Pregunta a cualquier representante comercial qué sucede cuando al encontrarse con un posible cliente, se dice a sí mismo: «La última vez que visité esta empresa no conseguí la venta, así que probablemente estoy perdiendo el tiempo». Lo más probable es que *esté* perdiendo el tiempo.

Sin embargo, si el mismo representante cambia su modo de pensar y se dice a sí mismo: «La última vez que la visité no conseguí la venta, pero descubrí más cosas sobre esta empresa. Hoy lograré el contrato».

Ahora las posibilidades de realizar esa venta han aumentado de forma exponencial.

Pensemos en la diferencia entre estos dos pares de declaraciones:

Negativa: «Esa persona la tiene tomada conmigo. Haga lo que haga, nunca está de acuerdo conmigo».
Positiva: «Todavía me queda un largo recorrido para entender cómo puedo cumplir con las expectativas de esa persona».

Negativa: «No soporto trabajar con ese cliente».
Positiva: «Estoy seguro de que puedo idear una manera de mejorar la relación con ese cliente».

Ser selectivos

Los conflictos recurrentes con otra persona pueden dar lugar a la acumulación de una larga lista de problemas con ella. No podemos abordar todos los problemas a la vez; las personas se ponen a la defensiva cuando tienen que afrontar demasiadas preocupaciones al mismo tiempo. Debemos elegir los asuntos que tengan más relevancia y olvidarnos de otras «batallitas» o decidir abordarlas en otro momento.

Centrarnos en lo que podemos cambiar

En la mayoría de situaciones conflictivas, lo único que podemos cambiar es nuestro propio comportamiento y las decisiones que están en nuestra mano. No podemos cambiar a los demás, ni sus empresas o actitudes más de lo que podemos cambiar la meteorología.

Cuántas veces hemos oído:

«¿Por qué hacen eso de este modo?».
«¿Por qué él/ella es así?».
«¿Por qué tenemos que soportar sus defectos?».

Tal vez, los psicólogos tengan algunas respuestas sencillas a estas preguntas, pero cada persona tiene unas ideas, motivaciones y comportamientos muy complejos. En lugar de perder el tiempo analizando a los demás, es más productivo que nos centremos en nuestra propia contribución a la situación que tenemos entre manos.

Debemos recordar que los conflictos son situaciones de doble sentido. Cuando planeamos nuestra estrategia, con demasiada frecuencia nos centramos en el enfoque de nuestro oponente y tratamos de cambiarlo. Vamos a repensar esta forma de abordar el conflicto. En última instancia, queremos cumplir el objetivo que más nos beneficia. Sin embargo, la mayoría de conflictos no son situaciones de suma cero, en las que la ganancia de una parte exige una pérdida correspondiente de la otra. Por supuesto, algunas veces sí lo son, pero en la mayoría de ocasiones podemos alcanzar una solución en la que ambas partes salen ganando. Para lograrlo, cada parte debe estar dispuesta a ceder un poco. El compromiso implica que ambas partes acepten cambios en sus expectativas. A fin de estar preparados para este compromiso, deberíamos volver a examinar nuestro enfoque y determinar qué aspectos son de importancia fundamental y qué aspectos estamos dispuestos a cambiar.

Pensar a largo plazo

Para controlar en parte nuestra actitud en la resolución de un conflicto es necesario que enfoquemos el asunto desde una perspectiva más amplia. Tarde o temprano, el conflicto va a quedar atrás. ¿Cuál sería el resultado de nuestra inversión de tiempo y esfuerzo hoy para tener una relación productiva a largo plazo con esta persona?

En nuestro intento por lograr que «gane» nuestro punto de vista, demasiado a menudo hacemos o decimos cosas que dañan la relación futura con nuestro adversario. Tal vez ganemos la batalla, pero nos habremos situado en posición de perder la guerra.

El sindicato presentó una demanda contra P & Q Plastics cuando despidieron a Cathy, una delegada sindical, por absentismo excesivo. Los representantes sindicales alegaron que su contrato permitía sus ausencias porque estaba afiliada al sindicato. Su supervisor mostró que la mayoría de sus ausencias se producían los lunes –que, según se mirase, era una prolongación del fin de semana, y las cuestiones sindicales no se atendían esos días–. La empresa llevó el asunto a arbitraje y ganó el caso. El cese de Cathy fue admitido.

Los ejecutivos de la empresa estaban contentos de haber ganado y haberse quitado de encima a Cathy. Tal y como dijo el director de recursos humanos al director ejecutivo: «Esto le enseñará al sindicato que no dejaremos que se aprovechen de nosotros». La batalla estaba ganada, pero la guerra continuó. A partir de entonces, los sindicatos instaron a los auxiliares a presentar demandas ante la menor infracción del contrato, lo que provocó un considerable gasto añadido de tiempo y dinero.

Mantener buenas relaciones después de un conflicto

Mientras tratamos de reducir los conflictos en nuestra vida profesional, es importante que mantengamos buenas relaciones una vez se haya resuelto un conflicto. Las siguientes pautas sirven para evitar que se repita el conflicto y para no repetir conductas que crean conflictos innecesariamente.

Hacer un esfuerzo adicional

Los demás saben cuándo estamos simplemente cumpliendo con las formalidades de mantener una relación profesional y cuándo estamos dispuestos a hacer todo lo posible por mantener dicha relación. Muchos analistas de empresas lo denominan «hacer un esfuerzo adicional». Debemos acordarnos siempre de superar las expectativas de nuestros compañeros, porque es la forma más segura de impedir que surjan situaciones conflictivas.

Al principio de este capítulo hemos hablado del conflicto entre Fred, el supervisor del departamento de tecnologías de la información, y Jordan, su técnico. Recordaremos que el director de recursos humanos había sugerido que Jordan asistiera a algunos seminarios sobre relaciones interpersonales, patrocinados y subvencionados por la empresa. Jordan captó el mensaje y prometió cambiar de actitud.

Cabe recordar que Fred cambió su forma de trabajar con Jordan, animándole a asistir a los seminarios y haciendo un esfuerzo adicional para convertirse en su mentor. De este modo, no sólo suavizó la relación entre ellos, sino que preparó a Jordan para su ascenso en la empresa.

Ser flexibles

No hay garantías de que los conflictos no aparecerán de nuevo una vez creemos que los hemos dejado atrás. Los rencores y las heridas del pasado son difíciles de borrar por completo. Algunas veces no es necesario que pase mucho tiempo para descubrirnos de nuevo en medio de un conflicto con un compañero, cliente, proveedor o rival. En estas circunstancias, la dificultad radica en ser flexibles, permitir que la situación se estabilice por sí sola y evitar ceñirnos con rigidez a nuestra perspectiva sobre las circunstancias.

¿Cuán flexibles deberíamos ser? La flexibilidad no significa ceder en todos los asuntos que son esenciales según nuestros principios éticos o morales ni violar la ley para alcanzar un acuerdo.

Christopher se había esforzado durante mucho tiempo para conseguir una subcontrata con una industria manufacturera para la fabricación de un componente. Poco antes de su reunión con el ejecutivo que tenía la última palabra, se enteró de que a fin de cerrar el trato, querían que realizara una donación considerable a la «organización benéfica favorita» de ese ejecutivo.

Christopher estaba indignado. Aunque su empresa tenía un presupuesto para contribuir a las organizaciones benéficas, sólo podía justificar las donaciones si éstas iban dirigidas a empresas de buena reputación, y nunca como un medio para cerrar una venta. Informó a su jefe sobre esta petición, advirtiéndole de que sin duda no era ético y, quizás, era ilegal. Christopher dijo: «Perder este contrato no es tan importante para mí, y espero que tampoco para la empresa, como no violar nuestros principios éticos». Su jefe estuvo de acuerdo con él y se olvidaron del trato.

El punto de vista del otro

Cuando los abogados defensores se preparan para un caso, con frecuencia preparan el caso de los abogados de la otra parte, como si representaran a la oposición. De este modo, pueden anticipar la estrategia de su rival en el juicio. Asimismo, cuando tratamos genuinamente de ver la situación desde el punto de vista opuesto, podemos comprender mejor al otro y ver más resultados posibles.

Respetar a nuestros adversarios

No sólo deberíamos tratar de comprender la perspectiva de nuestro adversario, sino que también es importante que mostremos respeto por su postura o sus ideas. Ser desdeñosos con él puede generar resentimientos que no conducen a una buena relación en el futuro.

Después de considerarlo detenidamente, Don llegó a una decisión sobre la introducción de un nuevo producto para su empresa. Compartió su decisión con las dos empleadas a su cargo que debían ocuparse de implementar la idea. Emma lo aceptó de buena gana, pero Ann no parecía estar contenta y expresó sus dudas de que funcionara.

En las primeras reuniones sobre el proyecto, Ann propuso un enfoque distinto al de Don, pero éste lo tachó de inviable. Ann sintió que Don no había prestado la atención suficiente a sus ideas. Pensó que no la respetaba porque ni siquiera le había dado la oportunidad de convencerlo.

Al margen de si la propuesta de Ann era o no una alternativa viable, Don debería haber reconocido que para lograr que Ann cooperase plenamente con él no sólo en este proyecto, sino también en sus futuras relaciones con ella, debería haber dedicado un tiempo a escuchar todas sus ideas y debatirlas de manera objetiva. De este modo, tal vez habría aceptado algunas y, en caso de no aceptarlas, igualmente habría tenido la oportunidad de explicarle sus motivos. Incluso aunque Ann no estuviera contenta con la decisión, por lo menos habría sentido que Don la respetaba y que en el futuro estaría abierto a sus ideas.

La empatía es de doble sentido. A veces nos comportamos de forma incorrecta por motivos que no alcanzamos a comprender. Si tenemos un conflicto con la conducta de otra persona, deberíamos hacer un esfuerzo por comprender su intención.

ೲ

Si no podemos sentir empatía ni tener relaciones de verdad, no importa lo inteligentes que seamos, pues no llegaremos demasiado lejos.

Daniel Goleman

ೲ

Resumen

- Existen muchas situaciones en las que el conflicto puede ser un obstáculo para nuestro crecimiento profesional. Por ejemplo, puede que varios miembros influyentes de nuestra empresa discrepen con nosotros, puede que las circunstancias que antes nos favorecían ahora hayan cambiado repentinamente o que nuestros adversarios pongan obstáculos en nuestro camino.
- Con frecuencia los conflictos no resueltos tienen efectos negativos en una empresa, tanto cuantificables como no cuantificables.
- La productividad disminuye, pues las partes en conflicto tienden a bajar el ritmo y tienen dificultades para lograr tomar una buena decisión. También mengua la motivación por conseguir la excelencia.

- Una pérdida de productividad puede provocar, además, que se incumplan los plazos, se retrasen las entregas y crezca la insatisfacción de los clientes.
- Los trabajadores descontentos y frustrados tienden a quedarse en casa por enfermedad o a pedirse días personales. También pueden dejar la empresa. Sustituirlos no sólo requiere tiempo, sino que también es costoso.
- Los conflictos entre personas tienden a perpetuarse en forma de discrepancias sobre asuntos cotidianos.
- La confianza y el respeto en el seno de las empresas se ven perjudicados.
- Con frecuencia, los conflictos requieren que los directivos se centren en las personas que discrepan con sus ideas, restando tiempo a otros asuntos de la empresa.
- Un lugar de trabajo lleno de tensión acaba teniendo mala reputación en la comunidad. Los posibles trabajadores buscan empleo en otras firmas y es probable que las demás empresas elijan otros vendedores.
- Cuando afrontamos y superamos un conflicto, nuestra experiencia cotidiana mejora y nuestra empresa se beneficia de ello. Esto nos brinda la oportunidad de llevar la relación a un grado mayor de confianza. A fin de resolver un problema, deberíamos:

— Estar dispuestos a observar la situación de manera objetiva y a desprendernos de rencores, opiniones sesgadas e ideas inflexibles.
— Tratarnos con calidez y educación, incluso aunque tengamos perspectivas opuestas. La grosería agrava el resentimiento por la situación.
— Centrarnos en los valores que compartimos con la otra persona.
— Si otra persona tiene un problema con nosotros y está lo bastante convencida como para comunicárnoslo, como profesio-

nales es responsabilidad nuestra actuar en función de lo que nos dice.

—Darnos mensajes positivos. Si tenemos pensamientos negativos, actuaremos con negativismo, mientras que si tenemos pensamientos positivos, reaccionaremos de forma positiva.

—Elegir los asuntos que tengan más relevancia y dejar para más adelante otras «batallitas».

—Realizar esfuerzos por cambiar nuestro comportamiento y toda decisión que esté en nuestras manos. No podemos cambiar a los demás, ni tampoco sus empresas o actitudes.

—Considerar el resultado de nuestra inversión de tiempo y esfuerzo hoy para tener una relación productiva a largo plazo con nuestro adversario.

• Mientras tratamos de reducir el conflicto en nuestra vida profesional, es importante que mantengamos buenas relaciones una vez resuelto el conflicto.

2

Técnicas de resolución de conflictos

Cuando el conflicto en el trabajo llega a un punto en el que es perjudicial o negativo para las relaciones internas o externas con clientes, el supervisor debe intervenir para ayudar a resolver el problema.

La mayoría de conflictos que surgen en el trabajo provienen de problemas laborales, como por ejemplo, preocupación por los procesos de fabricación, diseño y desarrollo, por las técnicas de venta o de marketing, por problemas con la plantilla y por asuntos similares. Otros conflictos se deben a las relaciones entre los empleados. En este capítulo, nos ocuparemos de cómo abordar formalmente estos conflictos laborales, y en el siguiente hablaremos de los conflictos personales.

ও

Los conflictos más intensos, si llegan a superarse, dejan una sensación de calma y seguridad que no se borra fácilmente.
Precisamente, estos conflictos intensos y sus conflagraciones
son necesarios para lograr resultados valiosos y duraderos.

Carl Gustav Jung

ও

Conseguir el apoyo de un tercero

Debido a todos los efectos perjudiciales de los conflictos laborales, es esencial determinar ciertas pautas para abordarlos en el momento que surjan. Cuando los métodos informales no resultan fructíferos, existen numerosas técnicas formales para restablecer la paz y el nivel de productividad de la empresa. Dos de los métodos más utilizados son la mediación y el arbitraje.

Mediación

La mediación es un proceso en el que un tercero imparcial ejerce de facilitador para ayudar a resolver un conflicto entre dos o más personas. Es un enfoque cooperativo de resolución de conflictos en el que las partes, por lo general, se comunican directamente entre sí y con el mediador. El rol del mediador consiste en facilitar la comunicación entre las dos partes, ayudándolas a centrarse en las verdaderas cuestiones de la disputa y generando opciones para el acuerdo.

Utilizamos la mediación cuando el coste del conflicto para la empresa sobrepasa los límites razonables y aceptables, y cuando las partes implicadas no logran contener o controlar el conflicto. Un criterio importante para que la mediación resulte fructífera es que todas las partes se muestren receptivas a la mediación y a la posibilidad de llegar a un acuerdo.

La mediación no se emplea únicamente en las disputas entre compañeros de trabajo, sino que también se utiliza en una variedad de situaciones, entre ellas:

- Conflictos entre directivos y empleados.
- Conflictos intergrupales (entre grupos).
- Conflictos intragrupales (dentro de un grupo).
- Facilitación y planificación empresarial.

- Conflictos entre directivos y sindicatos.
- Conflictos entre empresas.

La mediación no es factible cuando:

- No hay ningún asunto negociable.
- Cuando el asunto es frívolo u oportunista.
- Cuando se requiere de una decisión jurídica.
- Cuando se ha llegado a un punto imposible de controlar.
- Cuando una de las partes actúa con mala fe y no se puede alcanzar un acuerdo.
- Cuando se teme que el conflicto degenere en violencia.

Los supervisores como mediadores

Los supervisores y los líderes de equipo deben hallar una técnica de mediación que encaje con su estilo de dirección y que funcione para sus empleados.

Observemos cómo Mark, el supervisor de un equipo, se ocupa de un conflicto de ideas entre Andy y Candy, dos miembros de su equipo.

Después de haberles encomendado una tarea, Andy y Candy debaten el proyecto y no pueden ponerse de acuerdo sobre cómo abordarlo, de modo que acuden a Mark, el líder del equipo, para que medie en el problema.

Durante la mediación, las dos partes presentan su postura sobre el problema, y el mediador trabaja con ellas para alcanzar una solución que satisfaga a ambas.

La mediación no es un medicamento. No es una dosis que damos a un paciente para curar una enfermedad. Es un proceso que requiere tiempo, y con frecuencia no hay demasiado tiempo para solucionar el problema.

Vamos a observar cómo Mark mediaría en esta disputa. Para que la mediación de un conflicto funcione, todas las partes implicadas deben conocer por completo el procedimiento que van a seguir. A menos que comprendan claramente el enfoque, éste no podrá surtir efecto.

Primero, Candy explica su punto de vista sobre la situación. Podríamos pensar que el siguiente paso es que Andy exponga su punto de vista, pero no es así. En lugar de eso, debe explicar la perspectiva de Candy tal y como él la ha entendido.

La razón de este paso es porque cuando Candy expone su punto de vista, Andy, como es típico de cualquier persona obstinada y posiblemente enfadada, sólo está escuchando parcialmente. Es probable que esté pensando en lo que planea decir para refutar su argumento. Si es consciente de que tiene que repetir el punto de vista de Candy, sabe que tiene que escuchar con detenimiento. Además, el hecho de decir en voz alta la postura de nuestro adversario nos obliga a procesar y articular mentalmente su razonamiento, lo cual puede ayudarnos a internalizar y comprender su postura y facilitar el alcance de un acuerdo.

Además, el hecho de que Andy repita la versión de la historia de Candy, permite aclarar cualquier aspecto que no se haya entendido bien antes de que Andy exponga su punto de vista. Es sorprendente la cantidad de veces que los conflictos se deben a simples malentendidos. A continuación, se sigue el mismo proceso; Andy expone su punto de vista y Candy lo vuelve a expresar.

Durante esta discusión, Mark (como mediador) toma anotaciones. Después de que Andy y Candy hayan expuesto sus versiones sobre la discusión, Mark revisa sus anotaciones con ambos. Mark puede comentar: «Según yo lo veo, los dos estáis de acuerdo en un 80 % de la implementación del proyecto. Vamos a enumerar las áreas en las que discrepáis». La mayoría de conflictos tienen muchas más áreas sobre las que hay acuerdo que sobre las que no hay acuerdo. Al identificar estas áreas, Mark puede ayudar a los dos a darse cuenta de que sus perspectivas no son tan dispares, y a centrarse en los aspectos que deben resolver, abordando uno a uno por separado.

Puesto que el tiempo es limitado, y a fin de garantizar que las dos partes no se desvían de los asuntos importantes, es necesario fijar un límite de tiempo en estas reuniones. Supongamos que asignamos dos horas para la primera reunión. Al término de este tiempo, tal vez haya varios asuntos más de los que hablar. Para ello deberíamos planear otra reunión. Mark debería alentar a Candy y Andy para que mientras tanto se reúnan a fin de abordar algunos de los problemas. Con frecuencia, después de que se haya creado un clima de compromiso, pueden resolverse numerosos asuntos antes de la siguiente reunión formal.

Digamos que se ha programado una hora para la siguiente reunión, y que en ella se resuelven más problemas. Si el proyecto debe ponerse en marcha, tal vez sea el único tiempo del que dispongamos. En caso de que sigan existiendo más problemas no resueltos, Mark tendrá que cambiar su rol de mediador por el de árbitro y tomar decisiones.

Más adelante, en este mismo capítulo, explicaremos la mejor manera de arbitrar.

Mediación con ayuda de terceros

Algunos conflictos se resuelven mejor con métodos más formales, dirigidos tanto por alguien de dentro de la empresa que no sea el supervisor directo, como por un especialista en mediación externo a la empresa. A continuación, vamos a analizar cómo funciona este proceso.

1. Comentarios iniciales del mediador

David es un mediador con experiencia. En la reunión, empieza presentándose y pidiendo a los asistentes que digan su nombre y su cargo. Sabe que es importante empezar de un modo amistoso a fin de allanar el terreno para dar paso a una charla abierta y cooperativa. Brevemente, describe su rol de mediador y demuestra o refuerza su neutralidad.

A continuación, David expone el plan a seguir:

—He analizado el asunto que vamos a considerar y he concebido un plan tentador.

Reparte una copia del plan a cada participante y, después de que lo hayan leído, pregunta:

—¿Qué os parece? ¿Hay algo que queráis añadir?

Entonces, deciden un marco temporal para la reunión.

2. Directrices

Las empresas que ofrecen servicios de mediación primero determinan sus directrices y entregan una copia de las mismas a los participantes antes de la reunión. David pregunta si hay alguna duda sobre esas reglas para asegurarse de que no hay malentendidos. Si todo está claro, puede preguntar si hay alguna regla adicional que los participantes deseen añadir. También realiza declaraciones similares a las siguientes a fin de sentar las bases sobre las que procederá la mediación:

- Probablemente, todos los implicados sienten emociones relativas a este asunto y tendrán la oportunidad de expresarlas. Comprendemos que estas emociones no son ni buenas ni malas, sino que simplemente son.
- Seremos respetuosos. No proferiremos insultos, utilizaremos un lenguaje amenazador o grosero ni haremos generalizaciones sobre los demás.
- Haremos todo lo posible por llegar a un acuerdo.
- Nos atenderemos al acuerdo alcanzado.

David acuerda con todas las partes que acatarán las directrices. Si los participantes no están de acuerdo con estas reglas, probablemente no estén dispuestos a llevar a cabo la mediación con buena fe, de modo que el mediador debería suspender el encuentro.

3. Explicación del problema según el punto de vista de todas las partes

En cuanto se hayan completado los preliminares, cada parte tendrá la oportunidad de contar su versión de forma ininterrumpida. Normalmente, la persona que solicitó la mediación hablará primero. Como mediador, David no interrumpe ni hace ninguna pregunta durante ese rato. Puede determinar un límite de tiempo y advertir a la persona cuando esté a punto de agotar su tiempo.

Como hemos destacado en el ejemplo proporcionado al principio de este capítulo, el mediador puede pedir a la parte contraria que especifique lo que ha entendido respecto a la opinión que se acaba de expresar a fin de aclarar cualquier malentendido. A continuación, la parte contraria expondrá su punto de vista, y la primera parte explicará cómo la ha entendido.

4. El mediador reúne información

Después de escuchar las dos partes, David hará todas las preguntas que tenga sobre los argumentos de cada persona. Además de los hechos relativos a la situación, es una oportunidad para que el mediador enmarque los asuntos desde la perspectiva de cada parte y determine su estado emocional.

Las mejores preguntas han de ser abiertas, para que el mediador obtenga la máxima información posible sobre los aspectos y las ideas más importantes de cada parte. Su objetivo es escuchar su versión de los hechos y sus emociones, y luego determinar las diferencias entre cada parte. Algunas de las preguntas que David puede hacer son las siguientes:

- ¿Qué pasó en realidad?
- ¿Qué piensas al respecto?
- ¿Por qué piensas eso?
- ¿Puedes darme un ejemplo específico?

Para aclarar cualquier malentendido, suele repetir o resumir lo que se ha dicho. «De modo que, según dices…».

5. Identificación del problema y alcance de un acuerdo

Tras haber reunido la información conflictiva, David busca los objetivos compartidos por ambas partes. Señala los aspectos de la situación en los que concuerdan las dos partes y llega al acuerdo de que no es necesario debatirlos más. Indica los aspectos en los que hay un poco de acuerdo y sugiere que se debatan primero, pues son menos controvertidos y su resolución acelerará el proceso. En la mayoría de los casos, los participantes estarán de acuerdo con seguir este orden.

ॐ

El conflicto es inevitable, pero el combate es opcional.

Max Lucado, predicador y escritor.

ॐ

6. Proporcionar opciones

Existen varios métodos para proporcionar posibles soluciones en función de las necesidades de las partes. Algunas opciones típicas son las siguientes:

Escenarios hipotéticos. Para proporcionar escenarios hipotéticos, el mediador pide a los participantes que propongan una idea que describa el escenario ideal, y a continuación facilita un debate para unir los diferentes escenarios e idear uno con el que todos estén de acuerdo.

Comité. Un método muy eficaz para resolver conflictos en el trabajo podría denominarse en términos generales «comité». En un comité, se define un asunto primordial o «motivo superior». Todos los acuerdos y las opciones deben dirigirse a conseguir alcanzar el asunto primordial. En un conflicto entre dos gerentes sobre un asunto interno de la empresa, por ejemplo, el asunto primordial puede tratarse de lo que es mejor para la empresa, en lugar de lo que es mejor para los departamentos de cada uno. En un conflicto sobre un asunto de marketing, el asunto primordial puede ser lo que es mejor para el cliente.

Muchas veces no es fácil llegar a un acuerdo. Cuando las dos partes se mantienen firmes en su postura sobre el asunto, el mediador podría reunirse en privado con cada una de ellas por separado para idear soluciones al problema. Basándose en las sesiones individuales, el mediador hará luego una propuesta.

Propuesta del mediador. Es mejor si las dos partes pueden llegar a un acuerdo sobre cada uno de los aspectos que están discutiendo. Sin embargo, si no es posible llegar a un acuerdo, el mediador puede proponer un posible escenario e invitar a los participantes a que lo modifiquen hasta acordar una solución.

Negociación. Muchas personas implicadas en una mediación utilizan las técnicas clásicas de negociación. Las negociaciones pueden escaparse de las manos fácilmente a menos que un mediador las controle detenidamente. En el capítulo 6 hablaremos sobre cómo se puede utilizar con eficacia la negociación.

7. Llegar a un acuerdo

Una táctica habitual de mediación que puede utilizarse para conciliar las dos partes es proponer una solución que «reparta la diferencia a partes iguales», proporcionando a cada parte uno o más de los aspectos que desea. Esta técnica normalmente se utiliza en conflictos que son cuantificables. Por ejemplo, en un conflicto entre directivos y trabajadores sobre un aumento de sueldo, el sindicato exige un aumento del 10 %, mientras que los directivos ofrecen un 2 %. Al final, acuerdan un aumento del 6 %. Otro ejemplo sería que los directivos acordaran aumentar la contribución de la empresa al fondo de pensiones si el sindicato acepta ceder en la demanda de una mayor cobertura en asistencia sanitaria. El peligro de utilizar una solución que «reparta la diferencia a partes iguales» es que ambas partes sientan que han «perdido» en lugar de considerar que han «ganado».

Al presentar su propuesta de solución, el mediador prestará atención a los «indicios de reconciliación» de las dos partes. Como mediador experimentado, David se mantiene atento para advertir cualquier señal que indique que las dos partes están cerca de alcanzar un acuerdo. Por ejemplo, digamos que David está mediando un conflicto entre Dorothy y Kevin sobre si contratar una nueva red informática. Han acordado algunos aspectos, pero todavía distan mucho de llegar a un acuerdo respecto al coste. David advierte que, aunque Kevin ha indicado que el coste es demasiado elevado, cambia de tema cuando el coste aumenta. David interpreta que se trata de un «indicio de reconciliación», lo que significa que el coste tal vez no sea tan importante para Kevin como otros aspectos.

Para acelerar el proceso, David propone una sesión de tormenta de ideas para explorar formas de abordar el problema del coste. En esta sesión, Kevin expone su preocupación sobre el servicio: «Nos estamos gastando un dineral en esta red, pero Dorothy lo rebate diciendo: "Kevin, según el contrato con el proveedor, durante el primer año no nos cobrarán por el servicio, pero estoy segura de que lo extenderán a dos años, y el ahorro de ese dinero, además de la seguridad que ganaremos, hace que merezca la pena por el precio que nos piden".». Los dos están de acuerdo en que si el vendedor lo corrobora, el precio es aceptable.

En cuanto hay un acuerdo sobre la solución, David refuerza la coincidencia diciendo: «Bueno, hemos acordado que lo siguiente es la mejor solución (aquí recapitula la solución). ¿Es correcto?».

Si las dos partes están de acuerdo, a continuación implementarán la solución.

Si corresponde, el mediador tal vez quiera aprovechar la oportunidad para hablar de los posibles desacuerdos que pueda haber en el futuro y de cómo pueden trabajar conjuntamente con más eficacia.

ℭ

Siempre que estamos en conflicto con alguien, hay un factor que puede marcar la diferencia entre dañar esa relación o profundizarla. Ese factor es la actitud.

William James, psicólogo estadounidense

ℭ

Pautas para una mediación fructífera

Cuando acordamos mediar en un conflicto, se espera que cada participante se involucre en el proceso con la mente abierta y con buena fe. Los mediadores se eligen mediante un acuerdo entre las dos partes porque tienen fama de llegar a acuerdos justos y de no favorecer a ninguna de las dos partes. He aquí algunas de las responsabilidades más importantes a considerar:

Las obligaciones del mediador
El mediador tiene una gran responsabilidad en lo que respecta al éxito del proceso. He aquí algunas de las conductas más destacadas que deben mostrar los mediadores para que la mediación sea fructífera:

- Escuchar con detenimiento y hacer preguntas.
- No permitir interrupciones.
- Escuchar selectivamente los asuntos importantes.
- Mantener líneas abiertas de comunicación.
- Permanecer imparcial.
- Mantener el proceso en marcha.

- Ser justo y ofrecer siempre el mismo trato a las dos partes.
- Facilitar una solución.

Las obligaciones de las partes en conflicto

Para que funcione el proceso de mediación, las partes deben:

- Estar verdaderamente dispuestas a la mediación.
- Cumplir con las reglas del juego.
- Estar preparadas para describir la situación desde su punto de vista.
- Escuchar a la otra parte.
- Ignorar las conductas distractoras.
- Prestar atención a las preocupaciones del otro.
- Ser empáticas respecto a las ideas y los deseos de la otra parte.

ℭ

No te regocijes. Si tu compañero da marcha atrás y acepta que estás en lo cierto, dale la oportunidad de salvar las apariencias.
Por ejemplo, di: «Comprendo por qué te sentías así antes de tener la ocasión de conocer todos los hechos». Recuerda que tienes que trabajar con ese compañero durante mucho tiempo.

Arthur R. Pell, consultor de recursos humanos

ℭ

Arbitraje

Hay situaciones en las que no es posible resolver el problema con la mediación. Algunas veces las dos partes no pueden ponerse de acuerdo y fracasan todos los intentos del mediador por resolver el asunto. En otros casos, los contratos entre las partes implicadas pueden exigir un arbitraje, como ocurre muchas veces con los contratos entre directivos y empleados y entre empresas y subcontratistas, clientes o vendedores.

En el arbitraje, las dos partes exponen su perspectiva del problema y un árbitro decide qué deberían hacer para resolverlo. En la mayoría de arbitrajes, las dos partes acuerdan de antemano aceptar la decisión del árbitro y, en la mayoría de los casos, esta decisión no se puede apelar.

Si recurren a David para arbitrar la situación, tienen que dejar de considerarlo un conciliador y pensar más bien que es un juez.

Hay cinco pasos importantes para facilitar un arbitraje:

1. *Recabar toda la información.* El árbitro debe escuchar detenidamente a las dos partes e investigar para recabar información adicional. No debería limitar la búsqueda a los «hechos concretos», sino también descubrir los sentimientos y las emociones subyacentes.

2. *Analizar la información.* En cuanto posea tanta información como sea posible, el árbitro debe analizar la situación.

3. *Estudiar las alternativas.* Al concebir una solución, el árbitro debería preguntarse: ¿Las soluciones propuestas por las dos partes son las únicas posibles? ¿Puede llegarse a algún compromiso? ¿Es posible una solución distinta?

4. *Tomar una decisión.* Basándose en el análisis y la evaluación de los argumentos de cada parte, el árbitro decide qué medidas tomar.

5. *Informar a las dos partes sobre la decisión.* Al final, un árbitro debe asegurarse de que todas las partes comprenden claramente la decisión y cómo van a llevarla a cabo. La decisión debería estar por

escrito. Si es necesario, el árbitro puede «vender» la solución a las dos partes para que éstas la acepten y se comprometan a implementarla.

Al explicar cómo ha llegado a esa decisión, el árbitro debería tratar a los participantes como adultos, explicar el motivo o motivos de la decisión y aclarar cualquier malentendido antes de que se implemente.

Comparar los dos procesos

Una importante diferencia entre la mediación y el arbitraje es que en la primera las dos partes debaten sobre su situación durante todo el proceso y se comprometen activamente a alcanzar una solución bajo la supervisión del mediador. En el arbitraje, sin embargo, el árbitro hace más bien de juez. Escucha las pruebas y los argumentos de cada parte y procede a tomar una decisión, que es vinculante para las dos partes. El arbitraje podría considerarse más parecido al litigio, donde se recurre a una tercera persona para solucionar el conflicto.

ல

La paz no es la ausencia de conflictos sino la presencia de alternativas creativas como respuesta a los conflictos; alternativas a las respuestas pasivas o agresivas, alternativas a la violencia.

Dorothy Thompson, escritora estadounidense

ல

Resumen

- La mediación es un proceso en el que una tercera persona neutral ejerce de facilitadora para ayudar a resolver un conflicto entre dos o más partes. Es un enfoque cooperativo de resolución de conflictos, donde por lo general las partes se comunican entre sí directamente. El papel del mediador es facilitar la comunicación entre las partes, ayudarlas a centrarse en las verdaderas cuestiones del conflicto y generar opiniones para llegar a un acuerdo.

- Para que funcione la solución mediadora de un conflicto, todas las partes implicadas deben conocer detalladamente el procedimiento a seguir. A menos que comprendan claramente el enfoque y estén dispuestas a llevarlo a término, éste no podrá prosperar.

- El proceso de mediación consta de los pasos siguientes:

    — El mediador y los participantes se presentan.
    — Se especifican y explican las reglas del juego.
    — Cada parte explica su argumento.
    — La parte contraria vuelve a explicar los argumentos que ha expuesto la otra parte para garantizar la comprensión mutua.
    — El mediador hace preguntas para obtener toda la información.
    — El mediador busca áreas de acuerdo.
    — El mediador genera opiniones.
    — Se alcanza un acuerdo.

- Para que la mediación sea fructífera es necesario que tanto el mediador como las partes en conflicto se comprometan a tener la mente abierta, a escuchar con objetividad y a participar sinceramente en el proceso.

- Una alternativa a la mediación es el arbitraje. En el arbitraje, las dos partes presentan su perspectiva sobre el problema y un árbitro decide qué medidas tomar para resolverlo.

- Los pasos que debe seguir un mediador son:

1. Recabar toda la información.
2. Analizar esa información. Luego analizar la situación.
3. Estudiar las alternativas.
4. Tomar una decisión.
5. Informar a todos sobre la decisión y asegurarse de que se comprende claramente.

3

Personalidad y conflicto

Los desacuerdos entre grupos de personas son tan inevitables como naturales. Como hemos visto en el capítulo 1, los conflictos y los desacuerdos no resueltos pueden suponer una pérdida enorme de tiempo y energía y pueden afectar al balance final en una pérdida de productividad.

La reacción natural de muchas personas frente a un conflicto consiste en evitarlo. Deciden simplemente deshacerse de una preocupación a fin de mantener un entorno pacífico y cooperativo. Pero si nos guardamos para nosotros nuestras ideas contrarias, puede que perjudiquemos los objetivos de la empresa o que impidamos nuestro ascenso en el seno de la empresa. De hecho, podemos aprender mucho de aquellos con los que discrepamos si somos capaces de ver estas situaciones como oportunidades de aprendizaje y las abordamos de una forma agradable y profesional. En realidad, la investigación muestra que los problemas y los desacuerdos con compañeros de trabajo o en nuestra vida privada que se han logrado resolver con éxito resultan en un mayor respeto mutuo y en una relación más positiva.

Este capítulo proporciona instrumentos para conocer nuestra propia personalidad y reacciones cuando nos enfrentamos a diferencias de opinión, especialmente aquellas que nos «sacan de quicio». Aprenderemos a controlar nuestras emociones, otorgar a los demás el beneficio de la duda y expresar nuestra opinión de forma que permita la aceptación, llegar a resultados positivos para todos y mejorar la productividad.

Además, aprenderemos a abordar los desacuerdos entre nuestros compañeros o miembros de equipo.

ℬ

Trata honestamente de ver las cosas
desde el punto de vista de otra persona.

Dale Carnegie

ℬ

Perfil de personalidad: ¿Soy yo?

Para entenderte mejor a ti mismo y saber cómo tiendes a participar en los desacuerdos, lee detenidamente las siguientes frases y coloca al lado de cada una de ellas un número según la siguiente escala de respuestas.

1. Casi nunca
2. A veces
3. Casi siempre

1. Me puedo dejar influir para asumir el punto de vista de otro.
2. Me cierro en banda ante aquellas personas con las que no estoy de acuerdo.
3. Cuando surgen desacuerdos, abordo los problemas de forma diplomática, sin atacar a la persona.
4. Creo que los demás intentan «intimidarme».

5. Cuando mis ideas y creencias difieren de las de los demás, las expreso con mucha diplomacia.

6. En vez de dar mi opinión cuando discrepo, me la guardo para mí mismo.

7. Escucho los puntos de vista de otras personas con la mentalidad abierta.

8. Cuando discrepo con alguien, tiendo a dejar que mis emociones saquen lo mejor de mí.

9. En un desacuerdo, alzo la voz para defender mi postura.

10. Cuando defiendo mi postura tiendo a menospreciar a los demás.

11. Busco maneras de negociar y comprometerme con los demás.

12. Me han dicho que soy demasiado prepotente.

13. Me aseguro de expresar mi opinión en cualquier controversia.

14. Creo que el conflicto es necesario en las reuniones.

15. En las reuniones soy el que más se hace oír al tratar de comunicar mi postura.

Puntuación:

Suma la puntuación de las preguntas 1, 2, 4, 6, 8, 9, 10, 12, 13, 14 y 15 y resta la suma de la puntuación de las preguntas 3, 5, 7 y 11. El número resultante es tu puntuación final. ¿Qué significa este número?

1-4: Perfil pasivo: Tiendes a evitar los conflictos. Permitirías que las personas difíciles o con opiniones distintas se salgan con la suya simplemente para evitar un desacuerdo, incluso aunque salgas perdiendo con la situación resultante.

5-10: Perfil asertivo: Eres profesionalmente asertivo cuando tratas con personas difíciles o con opiniones distintas. Este punto medio de la escala es un lugar positivo en el que estar: compartes tus ideas sin ser discutidor. Deberías seguir abierto a escuchar distintos puntos de vista y expresar tus ideas y opiniones de forma adecuada.

11 y más: Agresivo. Cuando no estás de acuerdo con los demás, puedes ser tan combativo que la gente evita interactuar contigo. Te beneficiaría aprender a escuchar y expresar tus opiniones de forma más eficaz.

ॐ

Si hemos aprendido a discrepar sin ser desagradables, es que hemos aprendido el secreto de la prosperidad, ya sea en una empresa, en las relaciones familiares o en la vida misma.

Bernard Meltzer, comentarista de radio

ॐ

Comprender las respuestas al conflicto

Para la mayoría de personas, la resolución de un conflicto se ve obstaculizada cuando alguien desafía o amenaza sus profundas creencias y/o convicciones. Para ayudar a «sofocar las llamas» cuando surgen desacuerdos, es útil comprender las respuestas habituales al conflicto. Como hemos destacado en el capítulo 3, el conflicto afecta de formas muy variadas. De hecho, la mayoría de personas se sienten incómodas ante un conflicto. A continuación, vamos a identificar algunas de las reacciones más frecuentes frente a los desacuerdos.

Frente a un problema, una de las respuestas habituales consiste en personalizarlo o «tomárnoslo como algo personal» y, en consecuencia, las emociones siempre son intensas. En lugar de centrarnos en el problema, hacemos más hincapié en nuestro adversario y en su «ataque» a nuestra persona.

Por ejemplo, en una charla sobre los métodos para introducir un nuevo producto, Beth, la directora en estrategias de marketing de la empresa, hizo una propuesta. Megan, la directora comercial regional, menospreció su plan. «No es práctico. Es todo teoría. Ese enfoque nunca funcionará en la práctica», dijo Megan.

Habría sido más beneficioso para la empresa si Megan hubiera explicado los pros y los contras del plan. Dejó que dominara su juicio acerca de que Beth y todos los llamados «expertos de marketing» nunca podrían concebir un plan pragmático. «Todos son teóricos; nunca se han enfrentado cara a cara con un cliente», pensó.

Beth debería haber preguntado a Megan por los motivos concretos acerca de por qué pensaba que el plan no funcionaría. Sin embargo, Beth creyó que la respuesta de Megan era una afrenta personal. Lo único que podía pensar era: «Megan es demasiado corta de miras. Cree que tiene todas las respuestas, y se opone automáticamente a cualquier idea que expresen sus trabajadores de marketing».

Las personas que no pueden separar los problemas y los desacuerdos de las afrentas personales crean ellas mismas el conflicto. No ven el problema con claridad y tienden a:

- Estar seguras del asunto implicado de antemano y no considerar siquiera las perspectivas opuestas.
- Molestarse ante cualquier opinión contraria.
- Ser reacias a comprometerse con nada.
- No asumir la responsabilidad de haber provocado un conflicto.
- Responder al conflicto dejándose llevar por sus emociones en lugar de su intelecto.

A menos que dejen a un lado esas reacciones emocionales, este callejón sin salida no sólo permanecerá sin resolver, sino que probablemente volverá a ocurrir una y otra vez. En esta situación, los directivos deben reconocer que sus empleados no están abordando el verdadero problema que tienen ante sí, y deben conducir a las dos partes hacia una discusión útil.

Otros tal vez no personalicen el desacuerdo, pero se sienten aislados cuando lo experimentan. Puesto que creen que son los únicos que sienten la tensión o ven el conflicto, se cierran en sí mismos, lo cual no ayuda a cambiar la situación.

De forma similar, también están aquellos que asumen que se sienten «superados» en cualquier clase de conflicto. En el lugar de trabajo, normalmente se plasma en la creencia en que el «adversario» tiene más peso. Creen que «perderán» y no buscan solucionar el problema. Dejando que todos los empleados sepan que su opinión importa, y proporcionando ejemplos concretos acerca de cómo pueden compartir mejor sus preocupaciones, es posible abordar y solucionar el conflicto.

Cabe notar que los empleados sumamente sensibles tal vez necesiten una formación extra cuando se trata de compartir sus problemas con los demás. Los directivos deberían asegurarse de preguntar con frecuencia a estas personas sobre sus vivencias en la empresa.

Las personas que rehúyen los problemas pueden considerarse personas que evitan los conflictos. Por lo general, estas personas:

- Prefieren pasarle los problemas a otra persona del grupo.
- Se disgustan cuando afrontan un conflicto que no pueden evitar.
- Creen que el líder de la empresa es el responsable de abordar el conflicto.

Por otro lado, algunas personas no rehúyen el conflicto, sino que esperan la batalla y disfrutan de la confrontación. Con frecuencia, estas personas creen sinceramente que tienen razón, y no están dispuestas a aceptar ninguna otra solución. Por ejemplo, Roger y Kyle, el jefe de Roger, discrepaban por completo acerca de cómo abordar un problema. Roger creía que la solución que había propuesto Kyle no era adecuada y estaba completamente seguro de que su idea no era la mejor manera de resolverlo. Nada podía hacerle cambiar de opinión. Kyle señaló que el coste de la idea de Roger estaba muy por encima del presupuesto acordado y que, a pesar de que la alternativa más barata no era tan infalible como la idea de Roger, cumpliría con el objetivo a corto plazo y les permitiría mantener el volumen de trabajo. Le pidió a Roger que secundara su solución y le prometió hacer lo posible por conseguir un mayor presupuesto a fin de poder considerar en el futuro el plan de Roger.

Puesto que Kyle dejó claro que había tenido en cuenta el plan de Roger y que respetaba su idea, le demostró que lo consideraba un valioso trabajador para la empresa. Roger se sintió reconocido, y a pesar de que no consiguió ver en marcha su plan, estaba dispuesto a apoyar la solución alternativa menos costosa.

Las personas que parecen disfrutar del conflicto (y que tal vez incluso lo inician) podrían calificarse de combatientes. Estas personas:

- Disfrutan de una buena pelea.
- Creen que el conflicto agudiza la mente y genera soluciones creativas a los problemas.
- Pueden crear situaciones conflictivas.
- Normalmente, les satisface más ganar la discusión que alcanzar un acuerdo.

De forma ideal, deseamos ver los conflictos con la mente abierta y participar en ellos de manera constructiva. Deberíamos aspirar a:

- Ver que el conflicto sobre algunos asuntos es inevitable porque las personas tienen distintas perspectivas sobre dichos asuntos.
- Comprender que muchas personas no sacan a relucir el conflicto, lo cual conduce al rencor y a la falta de cooperación.
- Valorar el conflicto como un camino para crear un debate saludable.
- Tratar de anticipar los problemas que puedan llevar al conflicto y ocuparnos de ellos antes de que estallen.
- Utilizar el conflicto como un medio para aumentar nuestro conocimiento sobre los asuntos implicados.
- Para resolver los problemas, llegar a acuerdos en los que todos salgan ganando.

Discrepar sin ser desagradables

Los desacuerdos en el trabajo son inevitables. A menos que estemos rodeados de aduladores, los miembros de nuestro equipo no siempre estarán de acuerdo con nosotros, y muchos se opondrán con vehemencia a nuestras ideas. Discrepar con respeto es una forma de abordar el desacuerdo sin causar enemistad entre nuestros adversarios.

Para discrepar con respeto, podemos hacer uso de los siguientes consejos:

- Considerar el punto de vista del otro. Quizás la persona que se ha opuesto a nuestra idea con vehemencia ha tenido una experiencia previa desagradable que ha sesgado su opinión en contra del asunto que hemos propuesto.
- Tratar de comprender claramente por qué nuestro adversario tiene esa creencia. Escuchar con empatía. Hacer preguntas que nos ayuden a entender las verdaderas razones del desacuerdo.
- Cuando discrepemos con alguien, siempre debemos asumir la responsabilidad de nuestras sensaciones. Al responder, debemos hacerlo en sus mismos términos. Por ejemplo, en lugar de decir: «No tienes toda la información», es mejor decir: «Me gustaría tener más información sobre lo que estás diciendo». Cuando empezamos nuestras declaraciones acusando al otro, parece que estemos desafiándolo e inmediatamente conseguimos que se ponga a la defensiva. De este modo, reducimos la posibilidad de que escuche nuestro punto de vista.
- Cuando las opiniones difieren, conviene utilizar expresiones que suavicen el tono, como:
  «Comprendo lo que estás diciendo…».
  «Agradezco lo que dices…».

Es importante que nunca añadamos a este tipo de expresiones conciliadoras las siguientes palabras: «pero», «sin embargo», «no obstante» o «aun así». Al hablar de este modo parece que estemos discutiendo y socavamos la sinceridad de la afirmación de que hemos entendido el punto de vista de nuestro adversario. En lugar de estas palabras, podemos utilizar «y» o hacer una breve pausa antes de continuar con alguna de las siguientes frases:

«Hablemos también de…».

«Qué te parece este punto de vista…».

«Qué pasaría si…».

«Se te ha ocurrido que…».

«Compara esta idea con esta otra…».

- Después de responder a las ideas de nuestro interlocutor, debemos expresar nuestras propuestas. La mejor manera de empezar es diciendo:

«Yo lo veo distinto porque…».

A continuación, deberíamos explicar que creemos que es una buena idea y/o exponer las pruebas que tengamos. Por ejemplo, podríamos decir: «Yo veo esta situación de otra manera. Si externalizamos la fabricación de estos componentes en lugar de fabricarlos aquí, a pesar de que el coste inicial es más elevado, ahorraremos una cantidad de dinero considerable a largo plazo porque…». Entonces, exponemos las pruebas que hemos recabado para llegar a esa conclusión.

- Prepararnos con esmero antes de la reunión para estar listos con el fin de refutar cualquier objeción que pueda surgir. Por encima de todo, nunca debemos dejar que nuestras emociones interfieran en una presentación lógica y bien documentada.

Un ejemplo de desacuerdo respetuoso es el que ofreció Michael Crom, el vicepresidente ejecutivo de Dale Carnegie & Associates, Inc. Este ejemplo se presentó en respuesta a un lector de su columna para la agencia de distribución periodística Carnegie Coach.

Patrick, el director de fabricación, estaba a punto de asistir a una importante reunión en la que altos cargos de la dirección de su empresa iba a decidir si invertir en un proceso de fabricación cuyos beneficios aún no habían sido demostrados. Le habían pedido a Patrick que les ayudara a elaborar una recomendación preliminar. El problema era que el jefe de Patrick, el vicepresidente de operaciones, respaldaba completamente la idea, mientras que Patrick tenía algunas reservas. Pidió consejo sobre cómo abordar este asunto.

Patrick podía deferir a su jefe y permanecer en silencio, por supuesto, pero estaba preocupado porque el resultado supusiera el fin de una pequeña fábrica de papel. La frase «Te lo dije» carecería de significado cuando sesenta personas se hubieran quedado sin trabajo. Por otro lado, podía iniciar una disputa con el equipo directivo y señalar lo ridículas que eran las suposiciones de su jefe. Eso podría funcionar, pero corría el riesgo de perder el apoyo de la directiva y de acabar con cualquier posibilidad de tener una buena relación con su jefe. También podía dar marcha atrás y comenzar a escribir su currículum.

Aconsejé a Patrick que asumiera un terreno neutral con un desacuerdo cordial. Habían acordado que su jefe hablaría primero y que después habría un período de discusión. En lugar de dejar un plazo de tiempo abierto, propuse a Patrick que anotara una presentación informal en su cuaderno y lo utilizara durante su turno. En cuestión de minutos, teníamos las líneas generales de la presentación:

1. *Reconocer que su jefe tiene varios buenos argumentos.* El jefe de Patrick no estaba completamente equivocado. Algunos aspectos del proceso que proponía eran muy acertados. Sin lugar a dudas, prometían; las pruebas llevadas a cabo en pequeñas fábricas de papel han ahorrado tiempo y dinero en la fabricación de papel sin sacrificar la calidad. Al mismo tiempo, sin duda, la empresa debía contemplar los nuevos procesos de fabricación a fin de seguir siendo competitiva.

2. *Transición hacia su punto de vista.* Patrick no podía negar su primer comentario con las palabras «pero» o «sin embargo» porque eso crearía instantáneamente las líneas de combate. En lugar de eso, después de reconocer que la opinión de su jefe era válida, haría una breve pausa y luego diría: «He pensado en algunos factores más que podrían influir en nuestra decisión». Ésta parecía una manera muy neutral de iniciar la conversación.

3. *Exponer los hechos.* Al principio, Patrick quería traer páginas y páginas de informes para demostrar su idea. Quería sacar la ira que sentía contra su jefe colmando de papeles al equipo directivo. En lugar de eso, redujimos su argumento a sólo dos aspectos principales: que, según sugerían los datos, el proceso que proponía su jefe perdería eficiencia a medida que la empresa se expandiera, y que todavía había que probarlo en una industria del tamaño de su empresa.

4. *Terminar con una frase neutral.* Dados los hechos, a Patrick le parecía razonable sugerir que la empresa formase un equipo más amplio para considerar su opción además de otras en mayor detalle. Incluso podría apaciguar a su jefe y decirle que sería emocionante que este nuevo proceso, después de un análisis más profundo, demostrase ser la oportunidad adecuada para la empresa.

5. *No enfadarse.* Los desacuerdos rara vez transcurren según lo planeado. Le recordé a Patrick que él sólo podía proporcionar la información, no controlar la decisión definitiva. Si su jefe le rebatía su idea, podía «aceptar discrepar» con él, pero no debía involucrarse en una batalla verbal. Él –y la empresa– sólo saldrían perdiendo.

No es sorprendente que la directiva aceptara la propuesta de Patrick. Su jefe incluso estuvo de acuerdo con él en que era lo más sensato que podían hacer. La próxima vez que sepamos que vamos a discrepar con alguien podremos conseguir los mismos resultados positivos.

ɔ

Siempre que estamos en conflicto con alguien, hay un factor que puede marcar la diferencia entre dañar esa relación o profundizarla. Ese factor es la actitud.

William James, psicólogo estadounidense

ɔ

Los desacuerdos de origen emocional

Las personas discrepan por muchos motivos. A veces los motivos son diferencias de opinión lógicas y legítimas. Otras veces, son emocionales; las personas implicadas albergan sentimientos profundos sobre el asunto que están considerando o respecto a la otra persona. La tarea del supervisor o del líder de un equipo es resolver las diferencias para que se pueda llevar a cabo el trabajo.

Cuando los trabajadores de una empresa discrepan sobre cómo abordar una situación del trabajo, el conflicto se puede resolver con la mediación o el arbitraje, tal y como hemos explicado en el capítulo 2.

ɔ

Un desacuerdo honesto es muchas veces una buena señal de progreso.

Mahatma Gandhi

ɔ

Sin embargo, muchos conflictos tienen una base más emocional que lógica. Si el motivo del desacuerdo es la ira o el rencor profundamente arraigados, nos resultará difícil encontrar un modo de cambiar la situación. En la lucha por avanzar o por alcanzar más poder en el seno de una empresa, hay algunas personas que apuñalan a otras por la espalda para sacar ventaja. Es poco probable que uno pueda convencer jamás a la víctima de que le agrade el agresor.

Sin embargo, en la mayoría de situaciones la antipatía no está profundamente arraigada, sino que se debe a malentendidos o a respuestas adversas intangibles y vagas hacia la otra persona.

Larry estaba preocupado por la falta de espíritu de equipo en su departamento. Había discusiones constantes y controversias ocasionales entre los miembros de su plantilla. Después de asistir a un taller sobre espíritu de equipo, Larry convocó una reunión para poner en práctica una de las ideas que había aprendido. Tras una breve charla «de preparación» sobre la importancia del trabajo en equipo para su cargo, Larry pidió a los seis miembros de su equipo que escribieran los nombres de los otros cinco miembros en un bloc de notas que les dio y que, junto a cada nombre, escribieran lo que más les gustaba de esa persona. A continuación, cada uno leyó lo que había escrito, mirando a esa persona mientras leía la frase.

Barney miró a Sarah y leyó: «Cuando te pido información o ayuda, por muy ocupada que estés, siempre dejas lo que estás haciendo y me das lo que necesito». Como Barney nunca le había dado las gracias ni reconocido que apreciaba su ayuda, Sarah lo consideraba un desagradecido. Al descubrir que era consciente de sus esfuerzos y que estaba agradecido, Sarah empezó a verlo desde una perspectiva más positiva.

Lil le dijo a Ron: «Cuando llego por la mañana estoy de mal humor. Tú siempre haces que me sienta mejor con tu alegre "buenos días"». Ron sabía que Lil tenía un humor cambiante y no le gustaba hablar con ella, pero este reconocimiento hizo que Ron se sintiera mejor respecto a ella.

Cuando los participantes retomaron su tarea, todos tenían mejores sensaciones sobre sus compañeros de trabajo. Es difícil que nos desagrade alguien que acaba de decir algo bonito de nosotros. Se pueden potenciar los resultados positivos de un ejercicio así si el supervisor o líder de un equipo se mantiene atento a las interacciones de sus empleados. Cuando otro miembro del grupo hace un comentario cruel sobre otra persona, el supervisor puede aprovechar la oportunidad para recordarle el cumplido que esa otra persona le hizo en la reunión. Con ello reforzará el efecto de la reunión y suavizará la atmósfera, logrando recuperar la buena voluntad que se estableció.

Cuando las personas simplemente no pueden llevarse bien

A veces los conflictos no son sólo por desacuerdos en el trabajo, sino por antagonismos personales profundamente arraigados. Si no abordamos estas situaciones, no sólo afectarán al trabajo de las personas antagónicas, sino también a la moral de todo el equipo. Los supervisores o los líderes de equipo deben intervenir y tratar de unir a esas personas.

En primer lugar, debe descubrir por qué esas dos personas no se agradan entre sí. Este tipo de animadversión con frecuencia se debe a un conflicto amargo del pasado.

Excesiva rivalidad

En algunas empresas, la turbulenta rivalidad por progresar lleva a algunas personas a debilitar a las demás a fin de sacar ventaja. Si la víctima llega a conocer la existencia de este tipo de conducta, es poco probable que en el futuro sea capaz de volver a trabajar en armonía con la otra persona. Puede que estos ataques personales causen una enemistad profundamente arraigada que contaminará todo con lo que entre en contacto.

Si sabemos que alguien ha dicho o hecho algo para debilitar a un compañero de trabajo de forma deliberada, deberíamos decirle a esa persona que no aprobamos su conducta. Tratar activamente de debilitar la imagen de un compañero es un comportamiento infantil y poco halagüeño. Queremos que nuestro grupo trabaje conjuntamente como un equipo.

Para ayudar a aliviar las tensiones entre las partes implicadas, si es posible, deberíamos trasladar a una o a ambas a otro departamento en el que apenas tengan contacto entre sí. Sin embargo, esta opción no siempre es factible porque puede que no haya otros departamentos en los que puedan poner en práctica sus conocimientos. Tenemos que tomar medidas para poner fin a esa situación.

Debemos hablar con cada una de ellas sobre cómo avanzar de forma amistosa. Si fracasan nuestros intentos por convencerlas para que cooperen, deberemos dar órdenes. Podríamos decir algo parecido a: «Para que este equipo prospere, todos sus integrantes deben trabajar conjuntamente. Lo pasado es pasado y hay que descartarlo. No os pido que os caigáis bien. No me importa que no os relacionéis entre vosotros fuera del trabajo. Pero sí os pido que trabajéis juntos para alcanzar nuestros objetivos». Si es necesario, se puede complementar esta directriz con una medida disciplinaria.

ↄ

La diferencia de opinión no constituye animadversión.

WK Neoh, médico y filósofo

ↄ

Falta de química

Con frecuencia a uno no le agrada otra persona por un motivo en particular. La mayoría de nosotros hemos conocido a alguien que simplemente no nos despierta interés. Inmediatamente nos cae mal y decimos que no hay química entre nosotros.

Por ejemplo, a Rochelle le presentan a Stan, un nuevo miembro del equipo. Lo primero que piensa Rochelle sobre él es que no le agrada y transfiere esa idea a su relación en el trabajo. ¿Por qué a Rochelle inmediatamente le cayó mal Stan? Según los psicólogos, muchas veces esta reacción ocurre porque hay algo de la persona que subconscientemente nos recuerda a alguna experiencia pasada desagradable. Hay algo de Stan (su corte de pelo, su manera de hablar, su lunar de la mejilla izquierda) que a Rochelle le recuerda a un gamberro de tercero que le hizo la vida imposible durante ese año. Tal vez no sea capaz de decir qué es lo que tanto le molesta de Stan, pero sabe que no quiere pasar ni un instante con él. Estas características, que reciben el nombre de «señales mínimas», desencadenan recuerdos subconscientes olvidados hace tiempo que pueden influir en nuestra forma de reaccionar con los demás.

Cuando tengamos que trabajar con alguien con quien no tenemos química, deberíamos intentar analizar por qué sentimos antipatía por esa persona. Deberíamos preguntarnos por qué no nos gusta trabajar con ella. Tal vez lo que nos molesta sea su forma de vestir o hablar, o puede que sean las señales mínimas que hemos mencionado antes.

Una vez hayamos identificado un motivo, conviene que intentemos abordarlo. Para ello, debemos mirar a la otra persona de forma objetiva. La próxima vez que nos asignen colaborar con ella para llevar a cabo un proyecto, deberíamos decidir que en la primera reunión mantendremos la mente abierta, por lo menos durante el transcurso de la reunión. No debemos dejar que nuestras sensaciones se interpongan en el camino. Es mejor que hagamos un esfuerzo por pasar por alto aquello que nos moleste de la persona en cuestión.

Si discrepamos con sus ideas, debemos abordar el desacuerdo con calma y de forma racional, no con enfado e implicándonos emocionalmente. Para tratar de superar la antipatía que sentimos por esa persona, podemos encontrar algo que valoremos de ella, como sus habilidades en el trabajo, su sentido del humor u otro rasgo de personalidad. Conviene que nos centremos en sus puntos fuertes. Pronto olvidaremos el elemento intangible que originó nuestra antipatía y lograremos tener a esa persona como amiga. Debemos buscar algo agradable que decirle.

A veces, el motivo por el que no nos gusta una persona es la manera en que nos trata. Debemos mantenernos tranquilos y no permitir que nada de lo que haga o diga nos irrite. Con frecuencia, cuando estas personas se dan cuenta de que sus acciones no promueven sus objetivos, prueban con otras personas. Sin embargo, si nos hostiga de tal manera que nos impide realizar nuestras tareas, debemos advertir al líder del equipo de ese comportamiento.

ೞ

Siempre que estamos en conflicto con alguien, hay un factor que puede marcar la diferencia entre dañar esa relación o profundizarla. Ese factor es la actitud.

William James, psicólogo estadounidense

ೞ

El supervisor: un consejero

Basta con que un solo miembro del equipo no trabaje eficazmente para impedir que todo el equipo funcione a su pleno rendimiento. Por este motivo, queremos identificar los problemas en sus momentos iniciales y corregirlos antes de que crezcan y se conviertan en problemas mayores.

Una herramienta que se utiliza con frecuencia para transformar los problemas interpersonales es el asesoramiento.

El asesoramiento es un medio para ayudar a los compañeros con problemas a superar los obstáculos que les impiden tener un buen rendimiento. El asesor, que escucha detenidamente, fomenta el debate y ofrece consejos sensatos, ayuda a identificar problemas, aclarar malentendidos y planificar soluciones.

Cuando un supervisor o líder de un equipo asesora a un compañero, la situación es más análoga a la del entrenador de un equipo atlético que asesora a un jugador que a la de un psicoterapeuta asesorando a un paciente. Sólo los especialistas calificados deberían llevar a cabo un asesoramiento profesional y, algunas veces, es necesario recurrir a estos especialistas. Se puede recurrir al asesoramiento cuando los miembros de un equipo llevan quejas o protestas al líder, cuando tienen problemas con otros miembros o, muchas veces, cuando los problemas personales interfieren con su trabajo.

Cuándo se aconseja la ayuda de un profesional

Muchos supervisores y líderes de equipo son reacios e incluso les da vergüenza proponer a un compañero que vea a un asesor profesional. Muchas personas se sienten ofendidas cuando alguien les propone algo semejante: «¿Crees que estoy loco?», dicen. Debemos señalar que acudir a un asesor profesional no es distinto que ir a un médico.

No todos los problemas que requieren de la ayuda de un profesional son únicamente psicológicos. Los graves problemas económicos y las dificultades familiares o de pareja pueden ocasionar toda clase de problemas de comportamiento. Los problemas de salud también pueden ser la base de dificultades interpersonales.

Si nuestra empresa dispone de programas de asistencia a los empleados (PAE), recurrir a ellos de inmediato libera al líder del equipo de la carga de sugerir una terapia de asesoramiento específica. Si no, un trabajador del departamento de recursos humanos puede ayudar a aconsejar la derivación a un especialista.

Programas de asistencia a los empleados (PAE)

Un programa de asistencia a los empleados, o PAE, es un servicio de orientación contratado por la empresa. Muchas empresas han implementado estos programas para ayudar a los trabajadores a abordar problemas personales que interfieren en la productividad. Los asesores no son empleados de la empresa, sino expertos externos a los que se contrata según las necesidades de la empresa. Es posible comenzar a utilizar los PAE de dos maneras distintas:

1. Un empleado puede tomar la iniciativa y recurrir al PAE de la empresa. La empresa informa a sus empleados del programa mediante correo electrónico, comunicados, anuncios en el diario de la empresa, reuniones y correo postal. Muchas veces proporciona un número de teléfono de línea directa.

   Gilda, una de nuestras compañeras de trabajo, cree que necesita ayuda. Las peleas constantes con su hija adolescente hacen que se sienta tensa, enfadada y frustrada. En una breve entrevista telefónica con el PAE de su empresa, el asesor identifica el problema de Gilda y la deriva a un terapeuta familiar. Gilda concreta la cita y la fecha de la misma (no durante las horas de trabajo; la necesidad de asesoramiento no es una excusa para faltar al trabajo).

   Puesto que todo el proceso es confidencial, no se realiza ningún informe para la empresa sobre el asesoramiento (en la mayoría de los casos, ni siquiera se divulga el nombre de las personas que se someten a una terapia de asesoramiento).

2. El supervisor puede tomar la iniciativa de recurrir al PAE. Supongamos que recientemente ha bajado el rendimiento de uno de nuestros mejores trabajadores. Con frecuencia lo vemos sentado en su escritorio sin hacer nada, con el pensamiento visiblemente lejos de su trabajo. Le preguntamos qué le pasa, pero nos despacha con un «estoy bien, sólo un poco cansado».

   Después de varias conversaciones, finalmente nos cuenta que tiene un problema familiar, y le proponemos que se ponga en contacto con el PAE de la empresa.

Incluso aunque hayamos enviado al especialista a nuestro compañero de trabajo y éste haya seguido una terapia, no deberíamos esperar recibir informes sobre el progreso de ningún miembro del programa ni de nuestros empleados. En cuanto uno deriva al especialista, el asunto pasa a ser confidencial. La única información que podemos conseguir es observando la mejora en el trabajo del empleado a medida que el terapeuta le ayuda con el problema.

Los programas de asistencia a empleados son costosos de mantener, pero las empresas que los han utilizado durante varios años consideran que ha merecido la pena. Los PAE salvan a trabajadores cualificados y con experiencia que, sin ayuda, podrían reducir la productividad o incluso dejar la empresa.

Resumen

- Las discrepancias son inevitables. A menos que estemos rodeados de aduladores, los miembros de nuestro equipo no siempre estarán de acuerdo con nosotros, y muchos se opondrán con vehemencia a nuestras ideas.
- Debemos ser conscientes de que la mayoría de personas no se sienten cómodas en los conflictos y que muchas veces se toma los enfrentamientos como algo personal. Debemos decidir que centraremos la conversación en el problema y no en las personas implicadas.
- Algunas técnicas para abordar las discrepancias son:

  — Contemplar el punto de vista del otro.
  — Tratar de comprender plenamente la perspectiva de nuestro adversario.
  — Asumir siempre la responsabilidad de nuestros sentimientos.

No deberíamos culpar a nuestro adversario por las respuestas emocionales que pueda tener ante una idea o una situación.

— Utilizar expresiones verbales para suavizar el tono de una conversación cuando demos a conocer nuestra opinión.

— Cuando estemos discutiendo sobre un asunto polémico, después de contestar a las respuestas del otro, debemos exponer nuestras propuestas.

- Las personas discrepan por muchos motivos. A veces, los motivos son diferencias de opinión lógicas y legítimas. Otras veces son emocionales; las personas implicadas albergan sentimientos profundos sobre el asunto que están considerando y/o respecto a la otra persona. La tarea del supervisor o del líder del equipo es resolver las diferencias para que pueda llevarse a cabo el trabajo.

- En ocasiones, las personas simplemente no se agradan entre sí, y parece que con frecuencia surgen conflictos entre ellas. El líder no puede hacer que los adversarios se caigan bien, pero debe esforzarse por conseguir que trabajen de forma amistosa.

- Cuando tenemos que trabajar con alguien que no nos cae bien, deberíamos hacer un esfuerzo por encontrar algo que apreciemos de esa persona: habilidades en el trabajo, sentido del humor o un rasgo de personalidad, por ejemplo. Debemos centrarnos en sus puntos fuertes y pronto olvidaremos el elemento intangible que generó nuestra antipatía.

- Nuestro objetivo es identificar los problemas en sus etapas iniciales y corregirlos antes de que se conviertan en problemas mayores.

- El asesor, que escucha detenidamente, fomenta el debate y ofrece consejos sensatos, ayuda a identificar problemas, aclarar malentendidos y planificar soluciones.

- Muchas empresas han implementado programas de asistencia a los empleados para ayudarles a abordar problemas personales que interfieren en la productividad.

4

Sacar el conflicto a la luz

Las causas del conflicto abarcan varios niveles. Los conflictos derivan de una variedad de problemas que, a veces directamente, con frecuencia indirectamente, están relacionados con una situación inmediata. Los atributos físicos, emocionales y mentales de las partes implicadas pueden desempeñar una parte. Los conflictos latentes –conflictos que no han salido a la luz– pueden costar caros a una empresa y a todo el que entre en contacto con los mismos, incluso aunque no estén directamente implicados. Al mantener en secreto los conflictos, perdemos la oportunidad de fortalecer las relaciones en el trabajo o en nuestra vida privada que pueden tener un impacto significativo en el futuro inmediato, pero también en el éxito de nuestra empresa y en nuestra relación a largo plazo con las personas implicadas.

En este capítulo explicaremos cómo crear una cultura que fomente y conserve un entorno abierto para el conflicto constructivo. En un entorno así, todos los que experimentan el conflicto se sienten cómodos y confiados para sacarlo a la luz, sabiendo que lo abordarán con responsabilidad y respeto. También explicaremos los procesos de resolución y negociación de quejas formales, técnicas que se utilizan para exponer las quejas y llegar a una solución de los conflictos.

En mitad de las dificultades yacen las oportunidades.

Albert Einstein

Un entorno conflictivo

Cuando existen conflictos ocultos, éstos no sólo afectan a las personas implicadas en los mismos, sino también a todos los que se hallan directa o indirectamente relacionados con ellos. A menos que los saquemos a la luz, estos conflictos dañarán la moral, perturbarán el trabajo y contaminarán el entorno laboral.

Consideremos un caso de conflicto laboral. Rebecca era la representante de ventas de su empleador. Durante los últimos meses, los pedidos del principal cliente de Rebecca, Ajax Industries, se habían reducido un 50 %. Rebecca descubrió que una empresa de la competencia había presentado a Ajax una oferta más atractiva y, a fin de probar su producto, los encargados de compras de Ajax habían decidido dividir los pedidos mensuales entre la empresa de Rebecca y la empresa de la competencia durante unos meses. Rebecca estudió a fondo el producto de la competencia y realizó una presentación para demostrar que su empleador podía igualar y superar la oferta de la competencia. Keith, el director de ventas regional y el jefe de Rebecca, estaba indignado por la situación. Keith hacía tiempo que sabía que Rebecca era algo «rebelde»; rara vez se comunicaba con él y tendía a prestar poca atención a los gastos. El hecho de haber perdido buena parte del pedido de Ajax hacía que Keith montara en cólera. Él la culpaba de no haber previsto la situación e impedido que la empresa de la competencia hubiera llegado tan lejos. Aunque Rebecca creía que tenía una oportunidad excelente de recuperar el volumen de ventas perdido, Keith no estaba receptivo a su plan, y designó a otro representante de ventas para que se encargara de Ajax. Rebecca sintió que Keith la había tratado injustamente y se lo tomó como una afrenta personal. No sólo estaba preocupada porque la pérdida de ventas reduciría sus ingresos, sino que le fastidiaba haber perdido la confianza en su capacidad para vender. A pesar de que estaba inquieta porque sabía que el director de ventas a nivel nacional estaría naturalmente de acuerdo con su supervisor (en una alianza de jefes), igualmente le informó sobre el tema.

Cada parte implicada buscó aliados dentro de la empresa que respaldaran su lado del conflicto. Rebecca era popular en el equipo de ventas, y varios de sus compañeros estuvieron de acuerdo con ella en que Keith no la había tratado con justicia. Keith se preció de exigir a sus empleados que se esforzaran al máximo, y algunos miembros de su equipo creyeron que tenía razón. La disputa entre los dos alimentó los chismorreos y el resentimiento en todo el departamento.

Para resolver este conflicto, primero debemos identificar el verdadero motivo por el que ha surgido. Debería designarse a un supervisor, líder de equipo o representante de dirección (con frecuencia un empleado del departamento de recursos humanos) para que analice la situación y determine todos los detalles. En este caso, el director de ventas en el ámbito nacional intervino para intentar resolver el problema. Los hechos, tal y como se los habían explicado, eran ciertos. Ajax había reducido su pedido, pero Keith no se había tomado en serio la propuesta de Rebecca. Keith respaldó su decisión mostrando el número de ventas, que indicaba una pérdida significativa de las ventas de Rebecca, mientras que otros vendedores habían mantenido su cuota de mercado. El principal argumento de Rebecca se basaba en su propuesta aún no demostrada.

Además de analizar los hechos, deberíamos conocer las emociones de cada uno. En este caso, tanto Rebecca como Keith creían sinceramente que tenían razón, y habían mostrado resentimientos al discutir sobre la situación. Keith consideraba que era culpa de Rebecca, y ésta estaba completamente segura de que Keith estaba siendo injusto con ella. Los dos estaban tan implicados emocionalmente que no podían o no estaban dispuestos a discutir de forma racional. En un momento de la conversación, Keith dijo: «No quiero poner trabas al desarrollo profesional de Rebecca, pero no puedo dejar que pasen cosas así. Es frustrante ser el responsable de las ventas cuando nunca sé lo que pasa fuera de la oficina». El director, que reconoció que Keith parecía haber hecho una declaración reveladora, le pidió que entrara en detalles. Hablaron de las dificultades del puesto de Keith, y Rebecca admitió que nunca había considerado el cargo de Keith desde esa perspectiva. Se disculpó por no haberlo mantenido más informado sobre sus reuniones con los clientes. La franqueza de ambos y el nuevo entendimiento respecto al otro contribuyó a reducir la tensión entre ellos. El director de ventas de ámbito nacional los orientó hacia una resolución: Keith aceptó dejar que Rebecca hiciera otro intento con Ajax, y Rebecca aceptó comunicarse con Keith a diario.

El hecho de que Rebecca y Keith no se sintieran cómodos con el conflicto contribuyó a facilitar el camino hacia la solución. A pesar de que se habían enfrascado en una pelea a regañadientes, el conflicto había contaminado la atmósfera del lugar de trabajo e impactado en su productividad. Hasta que la situación no se resolvió, no hubo tranquilidad en el departamento.

Nuestra actitud frente al conflicto en el trabajo

Un paso importante para abordar el conflicto en el trabajo es comprender realmente nuestras propias sensaciones al respecto. En el siguiente ejercicio de autoanálisis, escribe «sí» o «no» después de cada frase según lo que mejor describa tu actitud:

1. No me gusta estar implicado cuando hay un conflicto.
2. Preferiría advertir a otra persona del conflicto y esperar a que ella lo aborde.

3. Me disgusta estar implicado en un conflicto.
4. Tengo tendencia a albergar resentimientos.
5. Utilizo el conflicto como una forma de mejorar.
6. Creo que deberíamos prever el conflicto y ocuparnos de él antes de que ocurra.
7. Estoy abierto a ceder siempre y cuando no vaya en contra de mis principios.
8. Tiendo a ser muy dogmático.
9. Los directivos de la empresa son los responsables de resolver los conflictos.
10. Con frecuencia tengo conflictos con personas que son diferentes a mí.
11. No soy una persona que suela causar conflictos.
12. Los conflictos crean debates saludables.

Repasemos nuestras respuestas a estas preguntas y pensemos en cómo reflejan nuestras actitudes. Por ejemplo, si hemos respondido «sí» a las preguntas 1 y 3, es probable que solamos evitar los conflictos. El malestar que nos causa el hecho de estar enfrentados nos impide compartir nuestras opiniones, incluso cuando nuestras ideas podrían aportar mayores beneficios a todos los implicados.

ೞ

Evitamos aquello que tememos porque creemos que las consecuencias serán nefastas si nos enfrentamos a ello. Pero las verdaderas consecuencias nefastas de nuestra vida se deben al hecho de evitar cosas que es necesario que aprendamos o descubramos.

Shakti Gawain

ೞ

Afrontar los conflictos personales

Los conflictos no se limitan al ámbito laboral, y muchas de las técnicas que se utilizan para resolver los conflictos en el trabajo pueden utilizarse con eficacia en los asuntos personales.

Jordan y Judy llevaban dos años casados. Desde el principio habían tenido importantes discusiones sobre sus finanzas. Jordan, un próspero agente inmobiliario, ganaba bastante más dinero que Judy, que era profesora de escuela primaria. Él creía que eso le daba derecho a tomar las principales decisiones económicas en nombre de los dos. «Judy, puedes gastarte tu dinero en ropa, productos cosméticos y otras cosas personales. Yo me encargaré de todo lo demás», comentaba muchas veces.

Judy creía que debía contribuir a administrar su presupuesto y determinar los gastos importantes, y le inquietaba que Jordan no siempre utilizase el mejor criterio cuando se trataba de administrar el dinero. El punto culminante llegó cuando Jordan llegó una noche a casa y le dijo a Judy que había hecho una oferta por una casa lujosa que acababa de salir a la venta. «Cuando nuestra empresa obtuvo el listado, me hice con él antes de que nadie más pudiera. Es una mansión preciosa en la mejor zona de la ciudad», le dijo a Judy.

Judy estaba atónita: «¿Cómo puedes tomar una decisión tan importante sin consultarlo conmigo? Ahora no necesitamos una casa, y sin duda no necesitamos una mansión sólo para los dos. ¿Y qué hay del precio? ¿Qué decir de la entrada de la casa y de la hipoteca mensual? Nuestros únicos ahorros están en tu fondo de pensiones de la empresa y por ahora no son muchos. Tenemos que aumentar nuestra cartera de acciones antes de poder comprar ninguna casa, y menos todavía una costosa mansión».

Jordan se negó a dar marcha atrás; le dijo que tenían que cerrar el trato a finales de mes, de lo contrario lo perderían. Judy siguió dando argumentos contra esa decisión. ¿Cómo podían resolver este conflicto?

Judy habló del problema con su mejor amiga, y ésta le propuso que consultaran con un asesor financiero. Concretaron una cita con Geri P., una asesora financiera muy bien considerada de la ciudad.

Geri dejó que Jordan relatara su versión de la historia. Él explicó por qué creía que era una buena oferta y detalló cómo pensaba pagar la entrada de la casa y cubrir los gastos de la hipoteca y del mantenimiento de la casa.

Después de visitar la casa, Judy admitió que le había gustado. Aun así, creía que no necesitaban vivir en una casa tan grande hasta que tuvieran hijos, y que el dinero necesario para comprarla superaba con creces su capacidad económica.

Geri resumió que: 1) a los dos les gustaba la casa, 2) la casa era demasiado grande para sus necesidades inmediatas, y 3) su compra sería factible cuando tuvieran hijos, algo que planeaban hacer en unos pocos años.

El verdadero problema, entonces, era económico. Geri calculó exactamente cuánto dinero necesitaban para comprar y mantener la propiedad y señaló que ello supondría una presión considerable a su economía.

Geri les ofreció que consideraran una alternativa; propuso que compraran la casa como una inversión. Podrían alquilarla durante unos años, y esos ingresos cubrirían todos los gastos. Cuando estuvieran preparados, podrían mudarse allí. Puesto que los dos trabajaban y eran solventes, eran buenos candidatos para obtener una hipoteca a bajo interés.

Geri se ofreció a ayudarles a elaborar un presupuesto adecuado y propuso que, de ese momento en adelante, Jordan y Judy compartieran la responsabilidad de administrar su presupuesto y tomar juntos todas las decisiones financieras.

Su solución abordó los deseos y las preocupaciones de ambos, y como Geri no tenía el mismo conflicto que ellos respecto a la administración de sus finanzas, pudo ver el problema de forma no emotiva.

Trámites para poner una queja formal

Hay momentos en que los conflictos no se pueden resolver fácilmente. A veces los conflictos laborales, como el de Rebecca y Keith, son en gran medida el resultado de un resentimiento prolongado. En otras ocasiones, las personas involucradas son demasiado tercas, emocionales o están en categorías tan dispares en la empresa que no es razonable esperar que lleguen a un acuerdo por su cuenta. En estas ocasiones, es posible que una de las partes desee poner una queja formal.

Comunicación

Antes de presentar una queja (y que ésta se convierta en una queja formal), debería existir una línea clara de comunicación de arriba abajo e igualmente importante de abajo arriba. Los directivos más veteranos deberían practicar la comunicación directa con los empleados de todos los cargos, y todos los empleados deberían conocer el proceso para comunicarse con la directiva. Todas las políticas y los procedimientos de la empresa deberían comunicarse claramente a todos los empleados, ya sea mediante un manual sencillo para el trabajador, reuniones entre supervisores y empleados o aclarando y reforzando el contenido de los manuales. Cuando alguien no respete una norma concreta, se debería tener una charla con él antes de tomar una medida disciplinaria.

Transmitir información de arriba abajo rara vez presenta problemas, pero no es tan fácil que la información se transmita de abajo arriba. La persona que debe asegurarse de que todos los empleados tienen libertad para expresar sus preocupaciones es el supervisor. El supervisor debe ganarse la confianza de los trabajadores a su cargo, y éstos deben sentir que no sólo es seguro, sino que también es útil comunicar sus quejas a su supervisor y que todas las quejas se abordarán sin demora y de manera justa.

Determinar el proceso para poner una queja formal

Además, debería existir un procedimiento para presentar una queja formal. Por supuesto, cuando media un sindicato, este procedimiento consta en el acuerdo entre el sindicato y la empresa, y debe seguirse.

Pero cuando no es así, muchas veces no hay recursos para abordar las quejas, lo que hace que sea difícil y desafiante cuando surge un conflicto. Por eso, conviene tener un mecanismo formal que sirva de pauta.

La empresa Jefferson Finance tiene aproximadamente cincuenta trabajadores. Bill Jefferson, el presidente y director ejecutivo, ha elaborado un sistema medio formal para abordar las disputas y las quejas. Todos los supervisores deben escuchar todas las quejas de sus empleados, investigar el problema y, o bien resolverlo, o si la queja no está justificada, explicar la decisión a la parte demandante. Si el empleado no está satisfecho con el resultado del proceso, puede llevar el asunto directamente a Bill.

En las empresas grandes es mejor tener un mecanismo más formal.

Un procedimiento habitual consta de cuatro pasos:

1. La parte demandante comunica el problema a su supervisor inmediato. Debería hacerse todo lo posible por solucionar el problema en este punto. La mayoría de quejas tienen algún fundamento verídico y, o bien pueden solucionarse corrigiendo una situación injusta, o bien explicando de manera lógica al que reclama por qué se ha producido el problema y lo que puede hacerse y lo que no para corregirlo.

   Incluso aunque la queja no tenga fundamento, aun así se le debería prestar la atención adecuada e investigarla para descubrir la verdad. Se debe explicar al empleado lo que se ha descubierto. Cabe recordar que el problema es muy importante para la persona que presenta la queja, incluso aunque al supervisor le parezca trivial. No se puede ignorar o pasar por alto elocuentemente diciendo «me ocuparé de ello» y luego olvidar el asunto. Al resolver una queja, el hecho de que se rompa una promesa garantiza que se venga abajo todo el mecanismo para establecer relaciones sanas entre los empleados.

2. Si no se alcanza una solución, la persona debería tener la oportunidad de presentar el problema –sin temor a represalias– al siguiente nivel de la directiva. De nuevo, en este punto debería hacerse todo lo posible por solucionar el problema, para satisfacción del demandante.

3. El siguiente paso –si es necesario– será llevar el problema al director de recursos humanos, el director general u otro ejecutivo de un cargo superior.

4. Normalmente se alcanzará un acuerdo en una etapa anterior, pero si no es así, la parte demandante y la directiva pueden acordar presentar la queja a una tercera parte a fin de que lleve a cabo un arbitraje. Por lo general, esto no se hace en empresas en las que no median los sindicatos, pero puede ser una opción de la que tal vez quiera disponer la directiva en casos en los que beneficia a todos resolver la disputa.

El arbitraje es mejor alternativa que emprender acciones legales en los casos en que la incapacidad de resolver una queja pueda llevar al litigio.

Existen diversas organizaciones que pueden proporcionar árbitros, como las asociaciones de abogados, las instituciones del gobierno y los gremios comerciales o empresariales.

El árbitro puede intentar primero la mediación, o puede iniciar directamente el proceso de arbitraje tal y como hemos explicado en el capítulo 2.

La decisión del árbitro es inapelable, y a menos que haya algunas circunstancias atenuantes u otras cuestiones jurídicas que puedan modificar la decisión, ésta no puede apelarse.

Cuando la queja es contra el supervisor

En muchas ocasiones, el problema surge entre un empleado y su supervisor inmediato. En casos así, obviamente no es factible seguir el primer paso habitual (hablar del problema con esa persona).

Por ejemplo, Barbara estaba muy disgustada. Su jefa, Maggie, constantemente le encomendaba tareas fastidiosas. Sin lugar a dudas, había que realizar las tareas menos deseables, y Barbara estaba dispuesta a hacer su parte, pero Maggie le encomendaba la mayoría de estas tareas y sus «favoritos» nunca tenían que hacerlas.

Si Barbara utilizase el procedimiento para presentar una queja formal, primero tendría que llevar la queja a Maggie, que probablemente la ignoraría y sin duda sólo haría que la vida de Barbara fuese más lamentable.

En casos así, los empleados deberían tener la oportunidad de expresar su queja sin primero tener que hablarlo con el supervisor. Si esto no fuera posible, tal vez nunca saldrían a la luz muchas quejas importantes.

Por ejemplo, en los últimos años ha habido numerosos casos en los que los directivos ignoraban que un supervisor acosaba sexualmente a sus trabajadores hasta que alguien presentaba cargos contra la empresa de violar la ley. El primer paso para presentar una queja exigía que el empleado hablara con el supervisor, que era el mismo infractor.

Cuando la queja tiene que ver con un supervisor inmediato del empleado, éste debería informar del asunto al departamento de recursos humanos o a otra persona designada de la dirección.

Debería llevarse a cabo una investigación completa y, si la queja demuestra estar justificada, se tendrían que tomar medidas para solventarla. Todo debe llevarse a cabo de forma diplomática, y el demandante debería tener protección frente a posibles represalias.

La mejor forma de abordar las quejas es impedir que surjan, poniendo en práctica principios para fomentar relaciones sanas en todas las facetas de las actividades de la empresa. Dado que todos somos humanos y cometemos errores y nos equivocamos, debería existir una línea clara de comunicación para abordar rápidamente todas las quejas cuando surjan.

Negociar con eficacia

Debemos dominar el arte de la negociación a fin de presentar nuestro caso de la manera más eficaz cuando estemos implicados en un conflicto. La capacidad de utilizar habilidades de negociación con el fin de que todos salgan ganando puede ser determinante para nuestro éxito en la negociación, no sólo en casos de conflicto, sino también en todas las facetas de nuestro trabajo, donde es esencial influir sobre los demás y facilitar relaciones constructivas y positivas.

ೞ

Las personas son diferentes en aspectos fundamentales. Quieren cosas distintas; tienen motivaciones, propósitos, objetivos, valores, necesidades, deseos e impulsos diferentes. Nada es más fundamental que eso.

David Keirsey

ೞ

Definir las negociaciones

Negociamos porque tenemos algo que ofrecer o queremos algo según criterios distintos que otra persona, y nos preocupa el resultado. A pesar de que las partes implicadas en la negociación probablemente tienen motivaciones, valores, preocupaciones y motivos para querer un resultado particular, todas las personas implicadas en el proceso deben desear un resultado justo para que el proceso sea fructífero.

Dos de los principales motivos por los que negociamos son los siguientes:

1. Para resolver un problema o conflicto importante con objeto de seguir avanzando.

2. Para llegar a un trato, solución, procedimiento, acuerdo o alianza entre dos o más partes que beneficie a todos.

La necesidad de disponer de técnicas de negociación efectivas es mayor que nunca, principalmente debido a la tecnología. Según algunos informes, internet ha provocado más cambios en los procesos de venta, las negociaciones comerciales y la retención de clientes durante los últimos diez años que en el último milenio.

En el clima actual, descubrimos que nuestros posibles clientes, nuestros clientes y nuestros socios tienen más formación, preparación y mayor número de alternativas en lo relativo a hacer tratos con los demás que hace unos años.

Ante esta nueva realidad, los profesionales de la negociación deben estar igual de bien informados y preparados a fin de proveer soluciones satisfactorias y seguir siendo competitivos.

ひ

La negociación no es algo que debamos evitar o temer;
forma parte de nuestra vida cotidiana.

Leigh Steinberg

ひ

Evaluar nuestras habilidades de negociación

Vamos a analizar cómo podemos conseguir un nivel aceptable en las situaciones de negociación.

Responda «sí» o «no» a las siguientes preguntas:

1. Investigo a fondo el tema sobre el que estoy negociando antes de empezar a dialogar con otros.
2. Considero las dos caras del asunto antes de comenzar las negociaciones.
3. Hago preguntas y escucho con detenimiento para descubrir las necesidades, los intereses y las preocupaciones del otro.
4. Planeo situaciones alternativas en caso de que las cosas no salgan como pretendo.
5. Tengo un resultado concreto en mente y sé hasta qué punto estoy dispuesto a ceder.
6. Tengo en cuenta el tipo de personalidad de la persona con la que estoy tratando.
7. Preparo pruebas relevantes para respaldar mi postura y abordar toda objeción que pueda prever.
8. Mantengo mis emociones al margen del proceso de negociación y nunca me tomo las cosas como algo personal.
9. Me siento cómodo y confiado durante los procesos de negociación.
10. Sé en qué puntos del proceso de negociación soy más vulnerable.

Las respuestas afirmativas indican una actitud positiva de negociación. Cualquier respuesta negativa indica las áreas que es necesario examinar y mejorar.

လ

No hay nada como escuchar para advertir que el mundo exterior a nosotros
es distinto del mundo interior de nuestra mente.
Thornton Wilder

လ

Ocho características de los buenos negociadores

Los siguientes rasgos se encuentran en los buenos negociadores:

1. Tienen fama de ser buenas personas y de tener buenas intenciones, y cumplen sus promesas.
2. Son respetuosos, confiados y dignos de confianza.
3. Tienen una actitud confiada y positiva, creen genuinamente en su postura y aprecian el punto de vista de los demás.
4. Son cultos, convincentes, respetados y creíbles.
5. Están bien preparados para afrontar distintas situaciones y obstáculos.
6. Permanecen serenos y tranquilos, se centran en la lógica y los hechos, no en las emociones.
7. Tienen excelentes habilidades para comunicarse, preguntar y escuchar. Son capaces de explorar sin ofender, de conectar con las creencias de los demás, de interpretar el lenguaje corporal y de llevarse bien con los demás cuando colaboran para hallar soluciones.
8. Tienen la mente abierta, son creativos, ingeniosos y están dispuestos a correr riesgos sensatos.

Negociaciones en las que todos salen ganando

El resultado ideal de una negociación es aquel en el que todas las partes están satisfechas. Por lo general, decimos que son acuerdos en los que todos salen ganando.

A fin de conseguirlo, las dos partes deben indagar y comprender plenamente los intereses, las necesidades, los deseos, las preocupaciones y los temores de las partes negociadoras. Ello facilita el proceso y permite que todos colaboren para concebir alternativas beneficiosas y útiles para las dos partes, creando así un valor compartido.

ლ

La negociación en el clásico sentido diplomático asume que las dos partes están más ansiosas por llegar a un acuerdo que por discrepar.

Dean Acheson

ლ

Las cuatro etapas de las negociaciones en las que todos salen ganando

1. *Precisar:* identificar, exponer y acordar el asunto o situación a negociar. Determinar la hora, el lugar y los puntos a tratar en la reunión. Al precisar el asunto o la situación,

Debemos:
- Hablar con sencillez y concreción.
- Si la situación tiene múltiples facetas, separarlas y especificarlas para que todas las partes compartan la misma idea acerca de las mismas.
- Al exponer la situación, dejar a un lado las referencias personales. El tema a tratar debería establecerse de manera neutral.

No debemos:
- Utilizar un lenguaje complicado e impreciso.
- Enredar el asunto con varios temas relacionados.
- Culpar a los demás o inferir la causa de la situación.
- Permitir que influyan nuestras emociones.

2. *Preparar:* investigar y recabar información relevante para las dos caras del asunto (para nuestro caso y el de la otra persona). Si es posible, concretar una reunión previa a la negociación para recabar información antes de sentarse a negociar. Explorar los intereses y las preocupaciones de todas las partes, todas las opciones disponibles y las consecuencias de cada una. Conocer los aspectos negociables y no negociables. Al prepararnos para sentarnos con la parte contraria,

Debemos:
- Hacer un inventario honesto de nosotros mismos y determinar por qué nuestra postura es importante para nosotros.
- Pensar en nuestro caso así como también en el de la otra persona.
- Determinar qué está en juego para nosotros y para la otra persona. *Consejo*: considerar en qué nos beneficiamos nosotros y nuestro contrario a nivel económico, emocional, intelectual y físico.
- Anticipar las objeciones y los desafíos y preparar pruebas para rebatirlos. Asegurarnos de que la otra persona puede identificar y relacionar las pruebas que tenemos para respaldar nuestra postura.
- Tener claro hasta qué punto estamos dispuestos a ceder. Diferenciar entre nuestros puntos irrevocables (lo que se debe cumplir para estar satisfechos con el resultado) y aquellos puntos que deseamos (lo que nos gustaría obtener como parte del resultado).

- Determinar nuestros «límites». La investigación indica que la única y más importante fuente del poder de negociación consiste en determinar nuestros límites. Con ello, definimos el punto en el que no hay necesidad de proceder con la negociación. Antes del comienzo de las negociaciones, cada parte debería haber determinado sus propios límites.

No debemos:
- Pasar por alto por qué nuestra postura es importante.
- Pensar sólo en lo que queremos nosotros.
- No considerar qué está en juego desde las dos perspectivas.
- Arreglárnoslas sobre la marcha.

3. *Presentar:* fijar el tono para el intercambio de información de manera que se cree una atmósfera de confianza y colaboración. Para ello, debemos hacer preguntas, comunicar, escuchar, debatir, negociar y ofrecer ideas. Conviene que nos mantengamos atentos a nuestro comportamiento en todo momento. Durante la interacción,

No debemos:
- Comunicarnos con la otra persona por teléfono, correo electrónico o cara a cara, donde una persona tenga más influencia sobre la otra.
- Mantener una actitud negativa o empezar con un tono negativo.
- Destacar nuestras diferencias.
- Jugar.
- Declarar nuestra postura inmediatamente para dominar la reunión.
- Estar a la defensiva, mantener una postura rígida, juzgar al otro o cerrarnos a soluciones alternativas.
- Atacar a la otra persona.

- Reaccionar a emociones poco apropiadas o de forma desproporcionada.
- Ser injustos o poco razonables.
- Arremeter contra el otro o hablar precipitadamente.
- Ser pasivos o agresivos.
- Exigir lo nuestro e ignorar los intereses del otro.
- Utilizar un lenguaje que la otra persona no comprenda.
- Tomarnos a la ligera una situación seria.

4. *Pactar:* aceptar, acordar y comprometernos con una situación en la que todos salgamos ganando. Al llegar a un acuerdo con la otra parte,

Debemos:
- Centrarnos en los objetivos.
- Terminar con un tono positivo.
- Acordar una solución específica.
- Tener un plan de acción y seguimiento.
- Reflexionar sobre el proceso y aprender algo nuevo en cada negociación.

No debemos:
- Permitir que las negociaciones se paralicen.
- Terminar con un tono negativo.
- Dejar en el aire asuntos que nos preocupen.
- Despreciar un acuerdo sobre un plan de acción.

Tácticas de negociación

Un buen negociador entablará una *conversación* con sus adversarios. Cuando creemos que nos escuchan de verdad, es mucho más probable que mantengamos la mente abierta respecto a las posturas contrarias, y en consecuencia adoptaremos un enfoque conciliador frente al problema.

Las siguientes conductas nos ayudarán a conseguir un buen resultado en la mesa de negociaciones:

- *Preguntar:* hacer preguntas abiertas sirve para conocer los intereses, las motivaciones, los deseos y las preocupaciones, demuestra que tenemos una mentalidad abierta y fomenta el diálogo.

- *Escuchar:* el silencio es oro. Permitir que el adversario hable sin que nadie le interrumpa ayuda a disipar las emociones negativas. Escuchar con atención demuestra el deseo de comprender el punto de vista del otro.

ॐ

No olvidar nunca el poder del silencio, esa pausa tan desconcertante y prolongada que puede al fin inducir al adversario a balbucear y retroceder con nerviosismo.

Lance Morrow

ॐ

- *Reformular:* repetir el punto de vista del otro ayuda a localizar sus preocupaciones y le alienta a explayarse sobre su postura.

- *Fomentar la lluvia de ideas:* utilizar un enfoque colaborativo, que fomente y debata las ideas creativas y promueva el acuerdo y el consenso.

- *Convencer con impacto:* señalarle al adversario el lado positivo del acuerdo. Podríamos ofrecerle pruebas de tal modo que le ahorremos tiempo, dinero y/o que le suponga otro beneficio.

- *Ofrecer opciones:* preparar dos opciones aceptables y dar al otro la posibilidad de elegir puede contribuir a que las negociaciones avancen y a hacer que el otro sienta que ha obtenido un beneficio.

- *Pedir el compromiso del otro:* Con frecuencia la mejor manera de lograr el compromiso del otro es pidiéndoselo. Hacer una pregunta directa que exija una decisión puede permitirnos cortar por lo sano y ahorrar mucho tiempo.

- *Actuar ahora:* indicar un plazo límite o un breve margen de tiempo, o proveer pluses o ventajas si el otro actúa ahora, puede contribuir al avance del proceso y a sellar el acuerdo.

- *Ganar tiempo:* pedir tiempo para reflexionar o implicar a otros puede ayudar a las dos partes a ganar tiempo para reagrupar y reexaminar la situación.

Errores comunes de la negociación

Las negociaciones llegan a un punto muerto cuando una o más partes no logran alcanzar ni buscar una solución a la negociación en la que todos salgan ganando. La principal causa por lo esto ocurre es el abrumador deseo de satisfacer las propias necesidades y deseos sin tener en cuenta las necesidades o deseos del otro.

En concreto, los obstáculos, las barreras y los errores habituales de las negociaciones son los siguientes:

- No localizar el problema específico a negociar ni llegar a un acuerdo sobre el mismo.
- No preguntar, escuchar ni comunicarnos adecuadamente.
- No confiar, respetar ni juzgar creíble al otro.
- Falta de planificación y preparación.

- No mantener una mentalidad abierta.
- Ser demasiado rígidos, tener una postura inamovible o no estar dispuestos a asumir el riesgo.
- Considerar que la negociación es una situación polémica o en la que uno gana y otro pierde.
- No tratar de entender los intereses, las necesidades y las preocupaciones del otro.
- Centrarnos en las personas, no en los problemas.
- Ser presa de las emociones o la desesperación, y permitir que nuestros sentimientos terminen en conflicto.
- Exagerar las diferencias en lugar de centrarnos en las similitudes.
- Perder el quid de la cuestión, irnos por la tangente o en otra dirección.
- No respetar la diversidad u ofender al otro.
- Poner al otro a la defensiva.
- Permitir que las objeciones del otro nos pongan a la defensiva.
- Proveer una solución en lugar de colaborar para llegar a una solución.
- No apelar a los beneficios que supondrá para el otro la solución.

 captured

El mayor descubrimiento de todos los tiempos es que una persona puede cambiar el futuro solamente cambiando de actitud.

Oprah Winfrey

captured

Resumen

- El conflicto que no ha salido a la luz puede ser costoso para una empresa y sus empleados. Si dejamos conflictos sin resolver, perdemos la oportunidad de mejorar o de hacer un cambio que pueda tener un impacto significativo no sólo para nosotros, sino también para los demás.

- La mejor manera de abordar los conflictos es evitando que surjan, para lo cual debemos poner en práctica los principios que nos permitan forjar sólidas relaciones con los demás en todos los aspectos de nuestra vida.
- Para abordar los conflictos deberíamos:

— Identificar la verdadera causa del conflicto.
— Poner al descubierto las emociones de las partes implicadas.
— Resolver el conflicto rápidamente. Hasta que la situación no se haya resuelto, habrá malestar en el departamento.
— Hacer todo lo posible por convencer a ambas partes y a sus partidarios de aceptar la solución y restablecer el entorno de colaboración previo al conflicto.

- Los conflictos no se limitan a las empresas, y muchas de las técnicas que se utilizan para resolver los conflictos laborales pueden emplearse con eficacia en los asuntos personales.
- Se debería utilizar un procedimiento sistemático cuando sea necesario abordar una queja de manera formal. Muchos de estos procedimientos siguen los siguientes pasos:

1. El demandante habla del problema con su supervisor.
2. Si no llegan a un acuerdo, el demandante debería tener la oportunidad de presentar el problema, sin temor a represalias, al siguiente nivel de la directiva.
3. El siguiente paso, si es necesario, será presentar el problema al director de recursos humanos, el director general u otro ejecutivo de un cargo superior.
4. Si el problema sigue sin resolverse, las dos partes deben acceder a presentar la reclamación a una tercera parte que hayan acordado entre las dos a fin de que lleve a cabo un arbitraje.

- Cuando estemos implicados en un conflicto, a fin de presentar nuestro caso con más eficacia debemos dominar el arte de la negociación. El resultado ideal de una negociación es aquel en el que las dos partes resultan satisfechas. Se dice que es un acuerdo en el que las dos partes salen ganando.

  El hecho de tener habilidades de negociación para lograr soluciones en las que las dos partes salgan ganando será totalmente determinante de nuestro éxito en la negociación.

- Las cuatro etapas de las negociaciones en las que todos salen ganando son:

1. *Precisar:* identificar, exponer y acordar el asunto o situación a negociar. Determinar la hora, el lugar y los puntos a tratar en la reunión.

2. *Preparar:* investigar y recabar información relevante para las dos caras del asunto (para nuestro caso y el de la otra persona). Explorar los intereses y las preocupaciones de todas las partes, todas las opciones disponibles y las consecuencias de cada una. Conocer los aspectos negociables y no negociables.

3. *Presentar:* fijar el tono para el intercambio de información de manera que se cree una atmósfera de confianza y colaboración. Para ello, debemos hacer preguntas, comunicar, escuchar, debatir, negociar y ofrecer ideas.

4. *Pactar:* aceptar, acordar y comprometernos con una situación en la que todos salgamos ganando.

- Los buenos negociadores dominan las siguientes habilidades:

Preguntar: hacer preguntas abiertas.

Escuchar: escuchar con atención demuestra el deseo de comprender el punto de vista del otro.

Reformular: repetir el punto de vista del otro ayuda a localizar los problemas.

Fomentar la lluvia de ideas: suscitar soluciones mediante debates colaborativos.

Persuadir: proporcionar pruebas sobre formas de ahorrar tiempo, dinero y/o de mejorar la calidad muestra a nuestro adversario los beneficios o valores para él.

Pedir el compromiso del otro: hacer una pregunta directa que exija una decisión puede permitirnos cortar por lo sano y ahorrar mucho tiempo.

Proporcionar un incentivo: fijar un plazo límite o proporcionar ventajas a cambio de una respuesta rápida puede contribuir al avance del proceso y a sellar el acuerdo.

Ganar tiempo: pedir tiempo para reflexionar o implicar a otros puede ayudar a las dos partes a ganar tiempo para reagrupar y reexaminar la situación.

5

Del conflicto a la colaboración

Las situaciones conflictivas suelen ser complicadas y difíciles de resolver. Por nuestra parte, tal vez tengamos una capacidad limitada para abordar los muchos aspectos que puedan estar implicados en un conflicto laboral.

En ocasiones, es mejor que recurramos a la experiencia, pericia, creatividad y valores de otros profesionales para que lleven la situación a una conclusión exitosa.

Las soluciones colaborativas a los conflictos permiten a todos los implicados sentir que se ha hecho todo lo posible por resolver la situación a nivel profesional. (La colaboración puede definirse como el acto de cooperar con una o más personas para conseguir algo). El hecho de colaborar con expertos nos libera de la presión de estar obligados a tener todas las respuestas en tales situaciones, y aporta diversos puntos de vista que pueden influir en la obtención de un resultado fructífero.

Quizás más importante que colaborar con profesionales para resolver un conflicto laboral, es fomentar la colaboración entre nuestros propios empleados. La cooperación hace que apreciemos las habilidades de nuestros compañeros y, por supuesto, la sinergia de muchas mentes puede proporcionar ideas excepcionales para el éxito de nuestra empresa.

Evidentemente, colaborar con otros también puede ser una técnica eficaz para resolver conflictos personales. En ocasiones, el punto de vista objetivo de alguien ajeno al conflicto puede ser decisivo para que tomemos soluciones viables a lo que parecen problemas irresolubles. En este capítulo, nos centraremos en cómo colaborar tanto en el ámbito profesional como personal.

ઝ

Si he visto más que otros es por haber estado sobre los hombros de los gigantes.

Isaac Newton

ઝ

Buscar ayuda para solucionar problemas

En ciertas ocasiones, no podemos solucionar un problema por nuestra propia cuenta y tenemos que recurrir a otros para que nos aconsejen o nos ayuden directamente. Algunas de estas situaciones se caracterizan por lo siguiente.

Falta de experiencia

La mayoría de nosotros nos sentimos incómodos en las situaciones conflictivas de las que apenas tenemos experiencia. Si un cliente está descontento y no estamos familiarizados con su situación exacta, tal vez queramos colaborar con los departamentos de ventas o de servicio al cliente para abordar aquello que le preocupa.

Cuando la empresa XYZ compró un nuevo sistema de ensamblaje informatizado, sus directivos estaban muy satisfechos con los programas de formación que Amy, la formadora que les había proporcionado el vendedor, dio a sus empleados. Sin embargo, cuando algunos trabajadores de XYZ tuvieron dificultades con el aparato, la empresa les mandó a Tom, el técnico informático, para abordarlas. Los directivos de XYZ se quejaron de que a pesar de que Tom resolvía los problemas, era impaciente con los trabajadores y fastidiaba a algunos de ellos con su actitud. Éstos se quejaron de que les hacía sentir estúpidos si no entendían rápidamente los cambios que él proponía.

Tom se enorgullecía de sus conocimientos técnicos y pensaba que había sido muy eficaz al conseguir rápidamente que los trabajadores captaran sus ideas. A sugerencia de su jefe, pidió consejo a Amy.

Amy se reunió con Tom y le dijo: «Los empleados de este departamento han trabajado con el equipo anterior durante años, y no es fácil cambiar los hábitos de trabajo. No están familiarizados con la tecnología y varios temen cometer errores importantes. Tom, no puedes asumir que personas sin formación técnica se adapten fácil o rápidamente». A continuación, Amy planeó trabajar con Tom para mejorar sus habilidades interpersonales y sus métodos de enseñanza, y lo acompañó en las siguientes misiones. La colaboración de Amy permitió a Tom ver las dificultades que afrontaban los nuevos usuarios de sus sistemas y se convirtió en un líder mucho más eficaz. Los clientes se mostraron mucho más satisfechos con el servicio.

Falta de conocimiento o de un conjunto de habilidades

En algunas situaciones, descubrimos que nuestras habilidades o conocimientos no son suficientes para abordar un conflicto de forma profesional. Por ejemplo, es posible que necesitemos a alguien con conocimientos informáticos, de redacción o de negociación más avanzados que nos ayude a resolver un problema concreto, o tal vez nos encontremos en una situación en la que tenemos que colaborar con alguien que tenga conocimientos jurídicos o de contabilidad. El hecho de colaborar con los demás proporciona una oportunidad para aprender de ellos y desarrollar más nuestras propias habilidades.

En el ámbito de las empresas, muchos empleadores colaboran con expertos externos para que éstos evalúen y hagan recomendaciones sobre trabajadores que tienen problemas de alcoholismo o drogadicción.

Las empresas con programas de asistencia para los trabajadores disponen de ayuda profesional para aquellos trabajadores que afrontan problemas de esta índole (*véase* el capítulo 3). Si nuestra empresa no dispone de estos programas, los directivos deberían saber a qué personas o empresas de nuestra comunidad pueden recurrir en caso de que sea necesario.

Falta de objetividad

Todos padecemos de falta de objetividad; estamos acostumbrados a ver las cosas desde nuestra posición estratégica. Lo mismo ocurre en los grupos de trabajadores. Cuando personas que han trabajado en la misma empresa han recibido una formación parecida o han compartido el mismo entorno durante un período largo de tiempo, tienden a pensar de forma similar. Cuando afrontan problemas, tienden a llegar a las mismas conclusiones para resolverlos. A veces es necesario un punto de vista distinto que aporte un enfoque nuevo y diferente para resolver la situación (de hecho, muchos avances científicos se deben a personas con muy pocos conocimientos del campo, porque estas personas no están limitadas por los conocimientos convencionales de la materia). Puede ser muy útil buscar compañeros con otros puntos de vista.

∾

No es la especie más fuerte la que sobrevive, tampoco la más inteligente, sino la que consigue adaptarse mejor a los cambios.

Charles Darwin

∾

Falta de creatividad e innovación

En muchas situaciones conflictivas, las opciones obvias de resolución resultan insuficientes. En estos casos, buscamos la colaboración de quienes pueden ayudarnos a pensar desde un punto de vista distinto al nuestro.

Al término de la Segunda Guerra Mundial, la empresa Ford Motor se vio ante un importante problema: retomar la producción de automóviles después de haber estado fabricando durante varios años vehículos de combate para el ejército. Henry Ford II, el presidente de la empresa, reconoció que para avanzar rápida y eficazmente, tenía que realizar importantes cambios en la directiva y que, para ello, debía salir de la empresa.

Ford conocía a un grupo de diez oficiales de la unidad de Control Estadístico de las Fuerzas Aéreas del Ejército que había creado una organización para ayudar a empresas cuya labor con ellos había funcionado muy bien durante la guerra. Ford había contratado a todo el grupo con frecuencia.

Este grupo de «prodigios», como se dio a conocer, ayudó a la empresa que tenía pérdidas a reformar su caótica administración mediante una moderna planificación, organización y control de los directivos. El grupo trabajó de forma colaborativa para modernizar la empresa y lograr que fuera sumamente rentable. Robert McNamara, un miembro de este grupo, se convirtió en el primer presidente de Ford que no pertenecía a la familia, tras lo cual el presidente Kennedy lo nombró ministro de Defensa.

Falta de recursos

Algunos conflictos requieren soluciones complicadas y lentas, y sabemos que abordar el problema es más de lo que podemos manejar solos. Tal vez sea necesario tener que contactar con algunas personas o investigar para verificar los hechos. Cuando no dispongamos de suficientes recursos de tiempo, habilidades o conocimientos, debemos buscar la colaboración de una fuerza de trabajo más amplia.

La creación de una red de contactos puede ser de gran utilidad en los períodos en que necesitamos ampliar la plantilla. Las personas con éxito crean su red personal de individuos con talento desde el principio de sus carreras profesionales. Es fácil conseguirlo. Cuando conocemos personas nuevas en encuentros comerciales, asociaciones profesionales o eventos comunitarios, deberíamos incorporarlas a nuestra red de contactos. Debemos anotar quién es esa persona, cuál es su área de conocimientos, dónde la hemos conocido y demás información pertinente.

Supongamos que tenemos un problema con la apertura de una oficina en Inglaterra. Examinamos nuestra red de contactos en busca de personas con experiencia en Inglaterra y localizamos a dos o tres personas que hemos conocido. Ponernos en contacto con ellas nos puede proporcionar información que puede ser sumamente valiosa para este proyecto.

Falta de espacio

A veces la colaboración es necesaria porque necesitamos un espacio de trabajo adicional del que no disponemos actualmente.

Steve, un asesor financiero, tiene su oficina principal en la ciudad de Nueva York. Como muchos de sus clientes viven y/o trabajan en el condado de Westchester, un barrio acomodado, subarrienda un espacio en la oficina de un abogado de la zona para poder encontrarse con sus clientes de Westchester en un lugar que les resulte conveniente.

El abogado acaba de avisar a Steve de que va a jubilarse y a dejar la oficina. La empresa que ha alquilado el espacio no planea subarrendarla. Steve tiene treinta días para encontrar un nuevo lugar. Encuentra un sitio adecuado, pero no estará disponible hasta dentro de unos meses. Steve debe encontrar un lugar provisional.

Tiene que actuar rápidamente. Ninguno de los subarriendos de disponibilidad inmediata cubre sus necesidades, pero descubre que un contable del mismo edificio en el que tenía el despacho planea trabajar sólo tres días a la semana al término de la estación fiscal. Como Steve no necesita la oficina en Westchester cada día, acuerda subarrendar la oficina los días en los que el contable no trabaje allí. En colaboración con el contable, Steve ha solucionado el problema y el contable ha reducido sus gastos mensuales.

Aspectos éticos

En algunas situaciones conflictivas, podemos no estar seguros de que la petición o demanda de una persona sea ética o apropiada. Por ejemplo, tal vez alguien nos pida proporcionar mercancías gratis, reembolsos o realizar una excepción en nuestra política general de empresa. En estos casos, podemos colaborar con los máximos directivos o con abogados para asegurarnos de que nos mantenemos en la línea de los valores y las prácticas de nuestra empresa.

Valores compartidos

Estrechamos los lazos con los demás por medio de nuestros valores compartidos. En las comunidades, los equipos de trabajo, las familias y otros sistemas sociales, los valores sirven de marco que orienta las creencias y conductas. Los valores compartidos influyen en las situaciones, las comunicaciones y las interacciones en el seno de los grupos y las dotan de significado, y son el elemento de cohesión que mantiene unidas a las personas para poder alcanzar objetivos comunes.

Descubrir los valores compartidos en la propia comunidad, equipo de trabajo, comité o familia resulta en un mutuo beneficio porque los valores:

- Establecen las reglas o principios que rigen la conducta.
- Moldean la cultura o el entorno en términos de lenguas, rituales, prácticas, creencias y perspectivas.
- Determinan un terreno común desde el que colaborar.

¿Cuán colaboradores somos? Un ejercicio de autoevaluación

La colaboración y la cooperación no se limitan al lugar de trabajo. Si adoptamos un enfoque colaborativo en todas nuestras actividades, enriqueceremos sumamente nuestra vida.

El primer paso consiste en evaluar hasta qué punto somos colaboradores.

Marca aquellas afirmaciones que describan mejor tu actitud durante la mayor parte del tiempo.

1. Escucho más de lo que hablo.
2. Pregunto a los demás acerca de sus intereses.
3. Trato de imaginar cómo me sentiría si estuviera en la piel de otra persona.
4. Cuando alguien me explica alguna experiencia suya, reflexiono sobre mis propias experiencias.
5. Tiendo a juzgar las acciones de los demás.
6. Trato honestamente de ver las cosas desde el punto de vista de los demás.
7. Formo mis opiniones sobre los demás en función de lo que se ajustan a mis expectativas.
8. Generalmente, me muestro sensible al estado de ánimo de los demás.
9. Prefiero trabajar por mi propia cuenta.
10. Prefiero trabajar con otras personas.
11. Estoy más interesado en la conducta de los demás que en sus sentimientos.

12. Me pongo impaciente cuando las personas me hablan de sus sentimientos y opiniones. No necesito saber muchos detalles; me basta con saber qué necesitan de mí.

13. Normalmente no puedo hacer nada por solucionar los problemas de los demás.

14. Realmente no tengo tiempo para escuchar los problemas de otra persona.

15. Quiero saber cómo se siente el otro en una situación conflictiva.

16. Sé cómo van a reaccionar los miembros de mi equipo en la mayoría de situaciones.

17. Prefiero trabajar con personas que comparten mis intereses y valores.

18. Normalmente, obtengo grandes ideas de los demás.

Si has marcado las afirmaciones 1, 2, 3, 4, 6, 8, 10, 15, 16 y 18, eres un buen colaborador. Si has marcado las afirmaciones 4, 7, 9, 11, 12, 13, 14 y 17, debes esforzarte para ser más abierto de mente y paciente a fin de mejorar tus habilidades colaborativas.

Un proceso para impulsar la colaboración

Al implementar el procedimiento descrito a continuación, no deberíamos perder de vista los valores compartidos del grupo con el que trabajamos. Nuestros compañeros serán más receptivos con las ideas que reflejen sus valores. Además, también deberíamos tratar de ser conscientes de la puntuación que hemos obtenido en la evaluación de nuestra capacidad para colaborar. Si hay algún aspecto que debamos mejorar, debemos demostrar esa mejora en el proceso de solución de problemas.

1. *Aclarar el objetivo.* El primer paso para impulsar la colaboración es declarar claramente el objetivo que queremos alcanzar. Los ob-

jetivos pueden variar, desde soluciones inmediatas o a corto plazo frente a un problema, a objetivos a largo plazo.

2. *Recabar toda la información sobre la situación.* Para llegar a una solución imparcial que incluya las aportaciones de todos los implicados, debemos poder identificar y exponer los hechos relevantes sobre el conflicto.

3. *Comunicar la situación a todas las partes implicadas.* Todos los integrantes de nuestro grupo deben conocer la información relativa al problema a fin de contribuir lo máximo posible a su solución. Si conocemos funciones específicas que nos gustaría que asumieran los demás en el proceso colaborativo, debemos transmitirles esa información.

4. *Solicitar la colaboración de los demás.* En el lenguaje más claro posible, debemos pedir la colaboración de los demás y lo que necesitamos de ellos.

Conviene que hagamos una tormenta de ideas con nuestros compañeros del proceso colaborativo para conseguir la aportación que buscamos: creatividad e innovación, recursos adicionales, experiencia, etc.

5. *Considerar posibles alternativas.* Casi todas las partes esperan que, por lo menos, tengamos algunas ideas de antemano acerca de cómo abordar el problema. Conviene que estemos abiertos a escuchar ideas y comentarios nuevos sobre nuestras propias soluciones.

6. *Poner en práctica la solución.* Tan pronto como sea posible, deberíamos implementar la solución.

7. *Hacer un seguimiento.* Planear un seguimiento meticuloso de la eficacia de la solución. Determinar plazos para realizar controles sobre el progreso y enunciar con claridad la forma en que se comunicará dicho progreso.

8. *Evaluación.* Después de tres meses, o del período de tiempo que creamos adecuado según sean el problema y la solución, comprobar lo satisfechos que están con la solución quienes se han visto afectados por la misma.

∾

Para alcanzar el éxito primero hay que tener un ideal claro, definido y práctico; un objetivo. En segundo lugar, tener los medios necesarios para conseguir nuestro objetivo: conocimientos, dinero, material, métodos. En tercer lugar, ajustar todas nuestras necesidades a ese fin.

Aristóteles

∾

He aquí algunos casos que ilustran cómo abordar los objetivos a corto plazo en el trabajo:

Caso 1: Recuperar la buena relación con un cliente:

Aclarar el objetivo. La empresa Apogee ha sido un buen cliente de nuestro empleador durante varios años. El mes pasado, un trabajador de Apogee se quejó de que el material que su empresa había pedido no cumplía con sus estándares de calidad. Recuperamos el material, lo analizamos y hallamos una variación menor que corregimos. Cuando se lo devolvimos, siguieron sin estar satisfechos. Nuestro objetivo es identificar el verdadero problema, realizar los cambios necesarios y recuperar la confianza de Apogee en nuestra empresa.

Recabar toda la información sobre la situación. Hemos estudiado la situación y descubierto estos hechos:

- A excepción de uno de los componentes que hemos utilizado para este pedido, todos los demás eran los mismos que utilizamos en los pedidos previos.
- Reemplazamos un componente porque el vendedor había aumentado su precio.
- El fabricante del nuevo componente nos aseguró que su calidad era igual a la del antiguo.
- El cliente creyó que el nuevo componente reducía la eficacia de nuestro producto.

Comunicar la situación a todas las partes implicadas. Comunicar el problema a los empleados responsables de haberlo generado y a aquellos a los que pediremos que nos ayuden a resolverlo. Por ejemplo:

- Designar dos técnicos que visiten Apogee para examinar su proceso y analizar por qué el componente no es satisfactorio.
- Designar un empleado que realice una comparación detallada del componente antiguo y del nuevo.
- Designar un líder de equipo que coordine las actividades.

Solicitar la colaboración de los demás. Necesitaremos la colaboración de todos los empleados implicados a fin de solucionar el problema. En este punto, debemos lograr el compromiso de todos para conseguir satisfacer al cliente.

- Pedir a los miembros del equipo que colaboren estrechamente entre sí y con los representantes del cliente y el vendedor.
- Hacer una lluvia de ideas acerca de cómo podemos recuperar la calidad de nuestro producto.
- Pedir al cliente que proponga soluciones basándose en su experiencia.
- Reunir al cliente y el vendedor con nuestros empleados para hallar una solución.

Considerar posibles alternativas. Cuando hayamos escuchado la opinión de todos los implicados, deberíamos considerar la variedad de soluciones que han ofrecido. Algunas de las posibles soluciones podrían ser:

- Con ayuda del vendedor, demostrar al cliente que el nuevo componente cumplirá con sus criterios de calidad.
- Volver a utilizar el antiguo componente y aumentar el precio de venta al cliente para cubrir el mayor coste de la pieza.
- Volver a utilizar el antiguo componente y asumir el coste.

Poner en práctica la solución. Tomar todas las medidas necesarias para poner en marcha la solución.

- Fijar plazos para que los empleados terminen sus tareas y nos informen de ello.
- Fijar un calendario de reuniones con el vendedor y el cliente.

Hacer un seguimiento. Un gerente responsable se asegurará de que la solución es eficaz con el tiempo y hará un seguimiento. Para ello, podría:

- Designar un líder de equipo o supervisor o asumir la responsabilidad de contactar con el cliente para conocer su grado de satisfacción con la solución.
- Asegurarse de que todos los implicados están atentos a los debates e informados de la opinión del cliente.

Evaluación. Cómo evaluamos el resultado final dependerá de la solución que hayamos elegido.

- Si la solución pasa por utilizar el nuevo componente o por realizar cualquier otro cambio en la composición de nuestro producto, tras su introducción deberíamos comprobar inmediatamente si el cliente está satisfecho.

- Si recuperamos el antiguo producto a un precio adicional, debemos verificar periódicamente el efecto que ha tenido en Apogee y nuestra empresa.

Caso 2. El técnico insatisfecho:

Aclarar el objetivo. Estamos preocupados por la posible marcha de Eric, un miembro valioso de nuestra plantilla de técnicos. Ha manifestado que está insatisfecho con el trabajo y tememos que se marche. Es uno de nuestros mejores trabajadores. Si Eric se marcha, no sólo perderemos su productividad, sino que también necesitaremos tiempo para sustituirlo y formar a su sucesor. Nuestro objetivo es retener a este empleado.

Recabar toda la información sobre la situación. Hemos analizado la situación y hemos descubierto lo siguientes hechos:

- Las evaluaciones del rendimiento de Eric siempre han indicado un rendimiento superior al resto de empleados.
- Eric colaboraba con Karl, su antiguo supervisor de equipo que se jubiló hace seis meses.
- A pesar de su competencia técnica, no lo ascendieron para sustituir a Karl puesto que tanto Steve, el encargado de planta, como Clara, la directora de recursos humanos, no creyeron que tuviera suficiente capacidad de liderazgo. En vez de eso, contrataron a Alex, alguien externo a la empresa.
- Eric se lamentó de ello con sus compañeros de equipo, pero no comunicó a sus directivos la insatisfacción que sentía por el hecho de que no le hubieran tenido en cuenta. Lo que sentía por no haber sido ascendido se manifestó en su conducta. Eric siempre había

participado activamente en los debates sobre proyectos nuevos. Desde que Alex asumió el cargo de líder de equipo, Eric permanece en silencio en las reuniones. Su entusiasmo ha menguado. En lugar de esforzarse por alcanzar la excelencia como había hecho anteriormente, ahora sólo cumple con los requisitos mínimos de calidad y cantidad. Ha discutido con Alex sobre todos los cambios que éste propone y se ha tomado varios días libres para asuntos personales. Corre el rumor de que está buscando otro trabajo.

Comunicar la situación a todas las partes implicadas. Cuando Clara, la directora de recursos humanos, se enteró de esta situación, revisó el expediente de Eric y admitió que este asunto podría haberse evitado si se hubiera abordado de otra manera. Se reunió con Steve, el director de planta, y señaló que durante el proceso de sustitución de Karl no había habido comunicación alguna con Eric. A fin de retenerlo, tenían que iniciar una conversación con él y recuperar su cooperación y compromiso.

Solicitar la colaboración de los demás. Se fijó un conjunto de reuniones para abordar este asunto.

- Steve y Clara se reunieron para hablar acerca de lo que podían hacer con el fin de retener a Eric incluso aunque en ese momento ascenderlo no fuese una opción.
- Se reunieron con Eric para conocer su verdadera postura y asegurarle que querían que se quedara.
- Se reunieron con Alex para advertirle de la situación.

Considerar posibles alternativas. Para volver a recuperar el compromiso de Eric con la empresa, los miembros del grupo plantearon varias alternativas.

- Ofrecer a Eric un aumento de sueldo.
- Prometer a Eric un futuro ascenso.
- Explicar a Eric que el motivo por el que no lo ascendieron no se debía a su rendimiento, sino a su falta de experiencia como líder.
- Ofrecer a Eric cursos de formación en liderazgo en la universidad, seminarios y programas similares a fin de prepararlo para su futuro ascenso.

Poner en práctica la solución. Todos creyeron que sería beneficioso tanto para Eric como para la empresa que asistiera a programas de formación en dirección y liderazgo.

- Eric acepta asistir a cursos de liderazgo.
- Los empleados de recursos humanos fijan un programa para él.
- Alex alienta a Eric a participar en la toma de decisiones. Resuelve considerar las ideas de Eric y buscar su consejo.

Hacer un seguimiento. Para verificar que el plan para fomentar la participación y el crecimiento de Eric está funcionando:

- Clara se reúne periódicamente con Eric para hablar de su progreso.
- Steve se reúne periódicamente con Alex para determinar si el rendimiento y la actitud de Eric vuelven a ser como antes.
- A medida que Eric avanza en sus conocimientos de liderazgo, se sitúa en la vía rápida para lograr el ascenso.

Evaluación. Por último, seis meses después, el equipo directivo evalúa cómo ha funcionado la solución.

- Descubrimos que Eric está satisfecho con la oportunidad de avanzar en su profesión y que, de nuevo, es un empleado muy productivo.

- En cuanto a la empresa, el departamento de recursos humanos adopta un enfoque más inclusivo respecto a las nuevas oportunidades. Decide utilizar un nuevo sistema para que la comunicación sea más fluida con los empleados que están interesados en ascender y resuelve hacer un seguimiento de los empleados que no se consideran candidatos a un ascenso.

Consejos para lograr una colaboración eficaz en el lugar de trabajo

Los pasos que acabamos de describir nos guiarán por el proceso de colaboración para resolver problemas en el lugar de trabajo. A medida que avancemos, conviene tener en cuenta lo siguiente:

Para que el proceso de colaboración funcione adecuadamente, los miembros no deben reunirse demasiado pronto ni demasiado tarde. Para abordar una situación secundaria tal vez no sea necesario formar un grupo grande, sino que podría ser mejor analizar primero si es posible resolverla sin involucrar a muchas personas. Por otro lado, si iniciamos el proceso de colaboración demasiado tarde, quizá tengamos dificultades para cumplir un plazo o puede que el problema se haya agravado.

Debemos recordar también que los recursos, ya sea de personal, tiempo, dinero, espacio o apoyo, son factores que juegan un papel esencial en el éxito de un proceso de colaboración. Invertimos menos recursos cuando lo hacemos solos, pero la recompensa a la inversión es casi siempre mayor a largo plazo cuando utilizamos las ideas de muchas personas.

Para sacar el máximo provecho de los talentos y las experiencias de todos los miembros implicados en la colaboración, deberíamos compartir todos los planes, esbozos, borradores y objetivos disponibles. Con frecuencia, el objetivo de la colaboración es disponer de un plan definido. En cuanto tengamos el plan, puede que podamos arreglárnoslas por nuestra cuenta para lograr la solución.

Finalmente, deberíamos advertir que la colaboración rara vez prospera en culturas en las que la directiva es muy controladora o en las que existen fronteras rígidas entre departamentos y funciones. Los equipos cooperativos que valoran las contribuciones individuales son los más propensos a lograr que la colaboración sea eficaz.

ɔຣ

No actuamos correctamente porque tengamos virtud o excelencia, sino que tenemos virtud o excelencia porque hemos actuado correctamente.

Aristóteles

ɔຣ

La colaboración en nuestra vida privada

A parte de esforzarnos por colaborar eficazmente en el trabajo, he aquí otras situaciones en las que podemos hacer lo mismo.

En la comunidad

Podemos implicarnos en nuestra comunidad de numerosas maneras. Entrenar un equipo deportivo, dar alimentos para los pobres, formar un grupo de vigilancia del barrio, ofrecernos voluntarios como ayudantes de los profesores, donar sangre e implicarnos en nuestro partido político son formas de trabajar con los demás para alcanzar un objetivo común. Deberíamos buscar algunos de estos compromisos compartidos en el seno de nuestra comunidad.

En el ámbito social

Los valores relativos a la colaboración se pueden expresar en nuestra forma de socializarnos. Jugar en una liga deportiva, afiliarnos a un club de lectura, asistir a conciertos con amigos y otras actividades sociales nos permiten potenciar nuestra capacidad de colaboración. Hoy en día, buena parte de la socialización gira en torno a los temas de salud. Quizás vamos al gimnasio y tenemos amigos allí, o hacemos una dieta para perder peso junto con otras personas. Además, todos tenemos intereses personales, como la música, la jardinería, la escalada, la pesca o la recolección, y a menudo disfrutamos pasando el tiempo con aquellos con los que compartimos nuestra pasión.

Cualquier actividad en la que participemos con otros puede ser una oportunidad para colaborar o agudizar nuestra capacidad de colaboración.

En el ámbito educativo

Algunos de nosotros estamos cursando una carrera; otros tenemos hijos que están cursando la suya. Muchos de nosotros somos aprendices a lo largo de toda la vida. La educación es un valor que comparten muchas personas, y como estudiantes o padres (¡o como profesores!) podemos hacer lluvias de ideas o colaborar con otros para profundizar en la experiencia de aprendizaje.

En el ámbito espiritual

No tenemos por qué asistir al mismo lugar de veneración para compartir los mismos valores espirituales. Sencillas características como la humildad, la franqueza, la bondad o la empatía pueden indicar valores espirituales compartidos, que proporcionan el marco para colaborar a fin de alcanzar el bien en el mundo.

ɔ

No es difícil tomar decisiones cuando uno sabe cuáles son sus valores.

Roy Disney

ɔ

En nuestras relaciones íntimas

Por supuesto, tenemos que colaborar constantemente en nuestra vida íntima. En nuestra sociedad el hecho de ser «obstinado» muchas veces se considera un punto fuerte, pero para solucionar problemas es mejor ser abierto de miras. Cuando surgen problemas personales, lo mejor es colaborar para hallar una solución que tenga en cuenta los intereses de todos. Cuando sea posible, debemos asegurarnos de contar con todos para llegar a un consenso. A continuación, vamos a examinar más detenidamente cómo podemos aprovechar los intereses comunes para solucionar un conflicto.

Harry era el único hijo varón y el más joven de una madre viuda que, junto a las dos hermanas de Harry, lo adoraban desde la infancia. Después de graduarse en la universidad, aceptó un trabajo en una empresa de la zona y vivió en el hogar familiar durante varios años. Durante ese tiempo, sus relaciones sociales eran principalmente con sus familiares y amigos. La mayoría de mujeres con las que salía eran de este grupo. Incluso así, su madre y sus hermanas menospreciaban a todas las mujeres jóvenes por las que Harry parecía tener algún interés. Ninguna era «lo bastante buena» para su Harry.

A los treinta y dos años, ascendieron a Harry como director de una sucursal en otra ciudad. Por primera vez, viviría verdaderamente por su propia cuenta. Su madre y sus hermanas trataron de convencerlo para que rechazara la oferta, pero él insistió en que era de vital importancia para su profesión.

Como cabría esperar, Harry conoció a Sally, una joven encantadora que vivía en la nueva ciudad de Harry. Se enamoraron y decidieron casarse. Cuando Harry llevó a casa a Sally para que conociera a su madre y hermanas, Sally pudo sentir el aura de enemistad desde el momento en que entró en la casa. Era evidente que nunca la aceptarían.

Sally amaba a Harry y quería tener un matrimonio feliz, para lo cual era necesario mantener una buena relación con sus parientes políticos. ¿Qué podía hacer para conseguirlo?

(*Nota:* ahora sería un buen momento para realizar un ejercicio sobre tu capacidad de colaboración. Antes de seguir leyendo, piensa en cómo podrías abordar esta situación, debate el problema con otras personas para saber su opinión y compara tu solución con la de Sally).

Sally comprendió que no podía abordar sola esta enemistad, sino que necesitaba la colaboración de Harry. Cuando volvieron a estar solos, Sally le explicó la reacción de ellas a su visita.

—Me odiaban –le dijo.

—No te odian. Todavía no te conocen. En cuanto te conozcan de verdad, les encantarás –respondió Harry.

Sally no estaba satisfecha con la idea de esperar a que sus parientes políticos cambiaran de opinión. Dijo:

—Eso nunca ocurrirá si tú y yo no cooperamos para acabar con su actitud hostil. Mi amiga Lois tuvo problemas con sus parientes políticos, y ella y su marido recurrieron a la ayuda de un asesor conyugal. Deberíamos buscar ayuda ahora; será mucho más hermoso si nos casamos con el consentimiento de todos que si tenemos que ocuparnos de eso más adelante.

Harry aceptó ir con Sally a consultar con un asesor. Después de escucharlos a ambos, el asesor descubrió que:

- Tanto Sally como Sheryl, la hermana menor de Harry, compartían un pasatiempo: las telas acolchadas.
- La madre de Harry y su hermana mayor, Abigail, estaban sumamente interesadas en su genealogía familiar. La madre de Sally también estaba interesada en la genealogía y había elaborado un árbol genealógico de la familia.
- El conocimiento de Sally sobre diseño de moda y disfraces sería una gran ventaja para las hermanas, puesto que éstas trabajaban de directoras de escenografía en el teatro de la ciudad.

El asesor propuso que:

- Todos los miembros de la familia se reunieran periódicamente para conocerse mejor.
- Sally quedara con Sheryl para hablar y, tal vez, trabajar juntas en sus acolchados.
- Harry consiguiera que las dos madres quedaran para hablar de la genealogía de cada familia.
- Sally obtuviera un ejemplar del guion de la siguiente producción teatral y ofreciera algunos esbozos de disfraces y consejos sobre cómo hacerlos.

Al hallar sus intereses comunes, la familia de Harry pudo llegar a considerar a Sally una persona divertida con mucho que aportar a sus vidas en lugar de una amenaza a su unidad familiar. La enemistad se puede sustituir por la realización de actividades conjuntas. Harry y Sally pusieron en práctica estas propuestas y no tardó mucho en iniciarse una relación afable.

Características de una fructífera colaboración en equipo

El mundo del trabajo ha cambiado radicalmente en las últimas décadas. Durante una época, los directores ejecutivos tomaban todas las decisiones relativas a la empresa y las transmitían a los trabajadores de base a través de una serie de capas de cargos intermedios. Ahora, este tipo de estructura está siendo sustituida por otra más colaborativa en la que se espera que los trabajadores de todas las categorías contribuyan en todos los aspectos de las actividades de su empresa.

Ahora, la terminación de las tareas las asumen los equipos: grupos de personas, normalmente dirigidas por un líder, que planean, implementan y dirigen las tareas conjuntamente.

La esencia de un equipo es el compromiso grupal. Sin él, los miembros del grupo actúan individualmente; con él, se convierten en una poderosa unidad colectiva.

En el equipo ideal, cada miembro desempeña su función de tal manera que encaja con la de los demás miembros del equipo y permite al grupo alcanzar sus objetivos. Con esta colaboración, el todo es más grande que la suma de sus partes.

Un ejemplo excelente es el de un equipo de cirujanos. Todos los miembros del equipo –cirujanos, anestesiólogo, enfermeras y otros técnicos– desempeñan sus funciones individuales como expertos que son. Pero como equipo, sus interacciones se compenetran a la perfección. Todos están comprometidos con un objetivo: la salud del paciente.

Hay ejemplos de equipos prósperos en todos los ámbitos: equipos deportivos que juegan campeonatos, equipos de investigación sobre la cura de enfermedades y equipos de bomberos. Cada vez más empresas están optando por un sistema de gestión en equipos.

Equipos *versus* grupos de trabajo

No todos los grupos son equipos. El grupo de trabajo tradicional está compuesto de individuos cuyo trabajo dirige un supervisor. Los miembros hacen lo que les mandan y los evalúan según su función individual. En un equipo, el líder guía y facilita el trabajo de los miembros, que comparten la responsabilidad de la finalización de las tareas.

En esencia, los equipos difieren de los grupos de trabajo en el hecho de que requieren tanto de la responsabilidad individual como colectiva, lo cual hace posible alcanzar un rendimiento superior al que podrían alcanzar los individuos por sí solos incluso aunque trabajaran a su nivel más óptimo.

A pesar de que la creación de equipos puede prometer un mayor rendimiento de los empleados, también conlleva más riesgos. Los grupos de trabajo necesitan poco tiempo para planear sus tareas porque, normalmente, las determina el supervisor. Las decisiones se implementan mediante las tareas específicas que llevan a cabo los integrantes. Si de este modo es posible cumplir con las expectativas, utilizar grupos de trabajo tradicionales es más cómodo, menos arriesgado, requiere menos tiempo y genera menos interrupciones que utilizar equipos.

Sin embargo, si la empresa busca enfoques creativos para sus tareas, con un rendimiento que sea más que satisfactorio y la oportunidad de desarrollar las capacidades de los trabajadores, debería emplear el enfoque de los equipos.

La siguiente tabla detalla las diferencias entre grupos y equipos:

Grupos de trabajo tradicionales	Equipos
El líder domina y controla el grupo	El líder es un facilitador y un *coach*
La empresa determina los objetivos	Los miembros del equipo determinan los objetivos
El líder dirige las reuniones	Las reuniones son debates participativos
El líder asigna las tareas	El equipo planifica las tareas
Se hace hincapié en el rendimiento individual	Se hace hincapié en el rendimiento colectivo
Los trabajadores compiten entre sí	Los miembros del equipo colaboran
La comunicación parte del líder hacia abajo	La comunicación es de doble sentido
La información muchas veces la acaparan los trabajadores	La información se comparte
El líder toma las decisiones	El equipo toma las decisiones

Para crear un clima interactivo de colaboración, hay que preguntar
continuamente a los miembros del grupo: «¿Qué harías tú?»,
escuchar sus respuestas, alentarlos a reflexionar sobre el problema
y a seguir haciendo propuestas adicionales.

Arthur R. Pell, asesor de recursos humanos

☙

Resumen

- Al colaborar con otras personas tanto de dentro como de fuera de nuestra empresa, tenemos la oportunidad de conocer la experiencia, pericia, creatividad y valores de otros profesionales a fin de conseguir una solución exitosa a los problemas.

- Se requiere del apoyo de un colaborador cuando:

  — Necesitamos más experiencia en el ámbito en cuestión.
  — Necesitamos un conjunto distinto de habilidades.
  — Necesitamos una perspectiva distinta.
  — Necesitamos creatividad e innovación.
  — Necesitamos más personal.
  — Necesitamos más espacio de trabajo.
  — Necesitamos revisar nuestros valores.

- Estrechamos los lazos con los demás por medio de nuestros valores compartidos. Los valores compartidos dotan nuestras relaciones de significado y asientan la base para hallar soluciones a los problemas.

- Para impulsar la colaboración con eficacia:

Aclarar el objetivo.
Recabar toda la información sobre la situación.
Comunicar la situación a todas las partes implicadas.
Solicitar la colaboración de los demás.
Considerar posibles alternativas.
Poner en práctica la solución.
Hacer un seguimiento.
Evaluación.

Aparte de esforzarnos por colaborar eficazmente en el trabajo, he aquí otras situaciones en las que podemos hacer lo mismo:

- En nuestra comunidad.
- En el ámbito social.
- En el ámbito educativo.
- En el ámbito espiritual.

Nuestra vida privada nos ofrece incontables oportunidades para poner en práctica nuestra capacidad de colaboración. Una manera excelente de empezar es buscando áreas en las que todos tengamos un interés común, y utilizándolas como trampolín para abordar el problema.

6

Mantener la cordialidad durante el conflicto

Los expertos en desarrollo empresarial dicen que el conflicto es uno de los catalizadores más poderosos del cambio en una relación, un equipo o una empresa. El conflicto puede causar malestar entre los empleados implicados y puede convertir un entorno de trabajo agradable en un entorno de desacuerdo. Los directivos deben advertir los indicios de conflicto, si es posible tomar medidas para evitarlo y resolverlo rápidamente en caso de que ocurra.

«En nuestra empresa apenas tenemos conflictos, somos una familia feliz», presumió Ted delante de su amigo.

Considerando que Ted es el director de recursos humanos de una empresa con más de doscientos trabajadores, deberíamos preguntarnos si un lugar de trabajo sin conflictos es saludable.

Es natural que en cualquier empresa con un gran número de trabajadores haya malentendidos, insatisfacción y simples quejas por asuntos secundarios. Aunque los directivos no conozcan la existencia de conflictos no significa que éstos no existan. Puede significar que el empleado no dispone de ningún mecanismo para comunicárselo a los directivos. Tal vez, la comunicación esté bloqueada en algún punto.

En la mente de la persona agraviada, cobran intensidad los problemas que no pueden salir a la luz y arreglarse o aclararse. En un momento u otro, tal vez en el trabajo o en nuestra vida privada, sin duda, nos encontraremos obsesionándonos acerca de qué hacer ante cierta evolución de los acontecimientos. Esta preocupación nos distraerá de nuestra tarea y no podremos estar tranquilos. En el lugar de trabajo, el hecho de que un empleado esté absorto en un problema puede manifestarse en la mala calidad de su trabajo, en una disminución del rendimiento, en un aumento del absentismo y/o en una elevada rotación de personal, y podría conducir a una importante enemistad entre los empleados. Es importante que éstos tengan medios para hacer llegar las quejas y los conflictos a alguien de la empresa que tenga la autoridad para solucionarlos.

Mantener el diálogo

La mayoría de personas y empresas logran con bastante éxito mantener una buena comunicación entre sí. Para ayudar a resolver conflictos, queremos asegurarnos de que existe una vía clara de comunicación entre los directivos y todos los trabajadores e, igualmente importante, entre todos los trabajadores y los directivos. Todos los empleados deberían tener claras las normas y los procedimientos de la empresa. Para ello, la empresa podría disponer de manuales sencillos para los trabajadores y llevar a cabo reuniones entre los supervisores y sus empleados para aclarar y reforzar el contenido de dichos manuales. Cuando alguien viole alguna norma, se debe fomentar que los supervisores tengan una charla personal con ese trabajador antes de tomar alguna medida disciplinaria.

Transmitir información de los directivos a los empleados rara vez presenta problemas, pero que los empleados transmitan información a los directivos no es tan fácil. En este aspecto, la persona más importante es el supervisor, que será más eficaz si tiene la confianza de los trabajadores a su cargo. Los empleados deben saber que no sólo es «seguro», sino que también es útil transmitir sus quejas a su supervisor, y que todos los conflictos se abordan de inmediato y de manera justa.

ℛ

Los buenos líderes ven oportunidades en cada dificultad en lugar de ver dificultades en cada oportunidad.

Reed Markham

ℛ

Mantener la paz

Como hemos señalado en el capítulo 2, si la falta de consenso o la hostilidad sobre un asunto no sale a la luz, no sólo la situación permanece sin resolver, sino que también puede tener graves repercusiones. Probablemente, las personas implicadas no conseguirán cooperar en la cuestión sobre la que discrepan y tampoco en otros asuntos en los que pueden estar trabajando conjuntamente. Todas las partes implicadas deben hacer un esfuerzo por mitigar la tensión. He aquí algunos consejos:

1. Abordar el problema cuando los nervios se hayan calmado. Poco se puede conseguir cuando los implicados están enfadados o angustiados. Si creemos que el asunto está demasiado candente como para abordarlo en el momento, conviene posponerlo. Si no corre prisa, podemos programar una reunión para hablar del asunto en una fecha posterior; si requiere de una acción más rápida, incluso una breve pausa puede servir para reducir la tensión. Sin embargo, no queremos esperar *demasiado* tiempo; las tensiones pueden «aferrarse» a las personas que, cuanto más se repiten las «historias negativas», más «verdaderas» se tornan en su mente.

2. Antes de reunir a todas las partes, tal vez queramos hablar con cada una por separado para conocer su versión de la historia. Debemos hacer preguntas que consigan sonsacar la información adecuada. Para empezar, algunas preguntas apropiadas pueden ser las siguientes:

- Mara, explícame cómo ves la situación.
- Cuando lo has hablado con Corey, ¿qué ha propuesto él?
- ¿Cómo has reaccionado cuando te ha dicho eso?
- ¿Por qué te ha molestado?
- ¿Por qué crees que Corey no entiende tu punto de vista?
- ¿Qué puedo hacer para ayudarte?

Luego debemos hablar en privado con Corey y hacerle preguntas similares.

3. Elegir un escenario neutral. Si la disputa es entre líderes o miembros de distintos equipos, reúne a todas las partes implicadas en una sala de conferencias, fuera de su espacio de trabajo habitual. Cuando la discusión se lleva a cabo en el lugar de trabajo de una de las partes del conflicto, la otra puede sentirse incómoda.

4. Si es posible, abordar el problema como si fuera un problema de equipo. Supongamos que dos compañeros de trabajo discrepan sobre una cuestión. Solucionar el problema es más que una disputa entre compañeros; el problema afecta a todo el equipo.

5. Como facilitadores de la discusión, no debemos dominarla. Debemos empezar de forma amistosa. Por ejemplo, con un comentario del tipo: «Como los dos sabéis, es de suma importancia terminar este proyecto dentro del plazo. Ahora hemos topado con un obstáculo que debemos superar. Mara y Corey, éste es vuestro proyecto y tenéis opiniones distintas acerca de cómo lle-

varlo a término. Hablemos de ello y esforcémonos para llegar a un acuerdo».

☙

La paz no es la ausencia de conflicto, sino la presencia de alternativas creativas para responder al conflicto; alternativas a respuestas pasivas o agresivas, alternativas a la violencia.

Dorothy Thompson, escritora estadounidense

☙

6. Neutralizar la discusión. Evitar comentarios acusatorios y sugerencias que puedan dar a entender que una persona tiene razón o está equivocada. Por ejemplo, en lugar de decir: «Mara, no has tenido en cuenta el coste», es mejor decir: «Veamos el coste que implica». Señalar el «descuido» de Mara hará que se ponga a la defensiva.

7. Hablar del problema, no de la persona. Muchas veces, las personas en conflicto se critican mutuamente y/o se culpan entre sí por el problema en cuestión. Con frecuencia oímos frases como «Nunca me presta atención» y «Siempre me está diciendo lo que tengo que hacer». Este tipo de declaraciones reflejan lo que hay detrás del problema, pero no abordan el problema en cuestión. A fin de que la discusión avance de forma adecuada, debemos centrarla en el problema. Por ejemplo, podríamos decir algo similar a: «Explícame cómo están distribuidas las tareas» o «¿Qué aspectos del trabajo están causando la mayoría de problemas?».

8. Dejar de hablar y escuchar. Debemos recordar el antiguo dicho: «Existe un buen motivo por el que tenemos dos oídos y sólo una boca: para escuchar el doble de lo que hablamos». Los problemas no se pueden solucionar si no conocemos todos los aspectos de los mismos. Debemos alentar a las dos partes del conflic-

to a hablar con libertad. Luego, nosotros debemos escuchar y aprender.

9. Actuar en función de lo que nos expliquen. Nuestra misión es resolver el conflicto para poder continuar con el proyecto de forma satisfactoria. Si lo conseguimos, no sólo habremos solucionado un problema, sino que también habremos conseguido ganarnos la confianza de nuestros empleados.

Superar el conflicto sin resentimiento

Saber gestionar nuestras propias reacciones emocionales es esencial para mantener el diálogo. Dale Carnegie abordó la importancia de este hecho en sus libros, *Cómo ganar amigos e influir sobre las personas* y *Cómo suprimir las preocupaciones y disfrutar de la vida*. Identificó muchas pautas, enumeradas en el Apéndice B, para ayudar a los demás a superar el conflicto de forma eficaz y sin albergar rencores. Vamos a ver cómo podemos poner en práctica algunos de estos principios en la resolución de conflictos.

Comprender el punto de vista de los demás

En la resolución de problemas, es mejor intentar ignorar nuestra perspectiva y tratar honestamente de ver las cosas desde el punto de vista del otro.

La reunión del comité para la recaudación de fondos se hallaba en un punto muerto. Jody, que había presidido las tres últimas funciones para recaudar fondos, insistía en que no debían suspender el tradicional torneo de golf:

—Hemos hecho un torneo de golf todos los meses de mayo desde hace años. La gente lo espera con ilusión, y siempre conseguimos recaudar muchos fondos.

Kat, la actual presidenta, señaló:

—Jody, sí, los torneos de golf nos han funcionado siempre, pero la cantidad de dinero que hemos recaudado ha disminuido cada año. Debemos probar otra cosa. Creo que deberíamos contemplar la idea de hacer una subasta silenciosa. Mi organización benéfica favorita hizo una el año pasado. Pedimos a muchas empresas, restaurantes e incluso complejos hoteleros de todo el mundo que contribuyeran. Ganamos miles y miles de dólares.

—Pero el torneo de golf no sólo aporta dinero, sino que ofrece la oportunidad a nuestros colaboradores habituales de invitar a los huéspedes a pasar un día magnífico, y también consigue que personas nuevas se interesen en la organización –respondió Jody.

—Comprendo tu punto de vista. Es importante dar a nuestros miembros la oportunidad de participar, pero debemos afrontar los hechos. Durante años hemos tenido la ocasión de utilizar gratis el campo del Springfield Country Club; pero ahora que el club ha cerrado, tendremos que encontrar un nuevo lugar, y ninguno de los campos de la zona son muy atractivos. Con una subasta, nuestros miembros más fieles pueden pedir obsequios a las muchas tiendas y restaurantes que suelen frecuentar. Estoy segura de que conseguiremos contribuciones realmente valiosas que los asistentes querrán comprar –replicó Kat.

Después de pensar en ello, Jody aceptó la idea de Kat:

—Supongo que tienes razón. Sin el campo del club, nos costará atraer gente al evento. La subasta exige una participación distinta de nuestros miembros, pero estoy segura de que estarán encantados de tender la mano en nombre nuestro a sus conocidos de la comunidad.

No preocuparnos por nimiedades

Debemos deshacernos de aquellas cuestiones menores que no importan realmente, decidir cuánta ansiedad merece la pena un asunto y negarnos a darle más. En la mayoría de los casos, todo son asuntos secundarios.

Teniendo en cuenta que muchas discrepancias no tienen demasiada importancia a largo plazo, deberíamos tratar de seleccionar aquellos conflictos que tengan un verdadero impacto sobre nuestros objetivos. Sue y Sara estaban planeando una fiesta para el futuro bebé de Lisa, que esperaba una niña para dentro de un mes. Sue creía que la decoración debía ser rosa.

—El rosa es siempre el color de las niñas –dijo.

Sara discrepaba:

—El rosa es bonito, pero a Lisa le encanta el violeta. No es necesario que nos limitemos al rosa. No seamos tan convencionales y decoremos de color violeta.

Sue pensó que parecían personajes de un *reality show*, y se sintió avergonzada. Propuso utilizar los dos colores, señalando lo bien que quedaban juntos. A Sara le pareció bien.

Cooperar con lo inevitable

Si no podemos cambiar algo que nos molesta, tan sólo podemos aprender a aceptarlo. Algunas veces la decisión está tomada de antemano, o la situación seguirá siendo la que es al margen de nuestra posición respecto a la misma, y el hecho de quejarnos o de mostrarnos hostiles no hará más que «rizar el rizo». Por ejemplo, al padre de Tim le diagnosticaron prediabetes. Su médico le aconsejó perder un poco de peso y acostumbrarse a hacer más ejercicio. Tim alentó a su padre para que modificara su dieta, y le compró un calzado para caminar y un podómetro a fin de que fueran un incentivo para salir a caminar más a menudo. El padre de Tim se enfadó con él por «tratar de dirigir su vida» y se negó a obedecer los consejos de su médico. Tim estaba muy frustrado, pero aprendió a aceptar que la única persona que podía cambiar el comportamiento de su padre era su propio padre.

Siempre que estamos en conflicto con alguien, hay un factor que puede ser determinante en perjudicar una relación o profundizarla.
Este factor es la actitud.

William James, psicólogo estadounidense

Evitar el deseo de venganza

En nuestra sociedad tendemos a exaltar la venganza; en las películas y la televisión, los héroes muchas veces son personas que buscan vengarse de aquellos que les han hecho daño. En realidad, sin embargo, intentar vengarse de alguien es mezquino. Si alguna vez lo hemos «conseguido», sabemos que no proporciona ninguna satisfacción y que sólo nos hace sentir mal de una manera distinta. La ira, el resentimiento y el odio destruyen nuestra capacidad de disfrutar de la vida. No debemos dejar que una situación o una persona controlen nuestra felicidad.

Celebremos la diversidad, practiquemos la aceptación y, tal vez, todos escojamos soluciones pacíficas a los conflictos.

Donzella Michele Malone

Análisis de casos de resolución de conflictos

Vamos a examinar tres casos de conflictos entre personas. *Nota:* algunos lectores tal vez prefieran ocuparse del caso ellos mismos; otros quizá quieran colaborar con uno o más compañeros. Selecciona el enfoque que mejor se adecue a ti. Cuando hayas terminado de leer el caso, escribe un plan para abordar el problema presentado. Luego, lee la solución que proponen los autores de este libro. Ten en cuenta que no hay una respuesta correcta, sino que tu plan puede ser tan válido como el que se propone.

Caso 1: La bonificación

Al equipo formado por Bob, Sharon y Mike le asignaron un proyecto. Justo después de empezar el nuevo proyecto, Bob se pidió días libres para asuntos personales.

No era la primera vez que Bob se tomaba días libres cuando el equipo lo necesitaba. Susan y Mike han trabajado con diligencia para terminar el proyecto a tiempo. El supervisor del proyecto está en otra oficina y no se ha fijado en cómo llevaban a cabo la tarea. Está contento porque se ha cumplido el plazo, y autoriza a los directivos a ofrecer una bonificación para compartir entre los tres miembros del equipo. A Mike y Sharon les molesta que Bob reciba parte de la bonificación, porque realmente no ha colaborado en la tarea, y deciden exponer este problema para que la bonificación sólo recaiga sobre ellos.

Al analizar el caso, debemos enumerar las cuestiones pertinentes:

- ¿Qué sabe el supervisor del proyecto?
- ¿Qué saben Sharon y Mike que el supervisor no sabe?
- ¿Qué no sabe Bob?
- ¿Cómo plantearán este problema al supervisor?
- ¿Qué argumentos darán Sharon y Mike?
- ¿Hablarán antes con Bob?
- Si Bob cree que debería estar incluido en la bonificación, ¿qué argumentos podría presentar?

He aquí un posible análisis:

Qué sabe el supervisor del proyecto:
- El proyecto es importante para la empresa.
- Los tres miembros del equipo (Bob, Sharon y Mike) están igual de capacitados para el proyecto.
- A los tres les darán una bonificación por los resultados.
- El supervisor está muy contento de que hayan cumplido con el plazo de entrega y ha autorizado una cuantiosa bonificación para repartir a partes iguales entre los tres miembros del equipo.

Qué saben Sharon y Mike que el supervisor no sabe:
- Bob no ha estado en la oficina durante tres semanas, y ellos han hecho todo el trabajo.
- Bob tiende a ausentarse y no es la primera vez que no ha contribuido en un momento urgente.

Qué no sabe Bob:
- Mike y Sharon están bastante molestos por su falta de cooperación con el proyecto.
- El supervisor no sabe que ha estado disfrutando de sus días libres la mayor parte del tiempo en que se estaba realizando el proyecto.

Ejecución del plan: Sharon y Mike deciden hablarlo con Bob antes de comunicar el problema al supervisor. Bob está muy disgustado. Dice que son un equipo y que deberían compartir todas las recompensas. Afirma que ni siquiera habría sido posible comenzar el nuevo proyecto si él no hubiera contribuido a concluir las tareas anteriores para que Sharon y Mike pudieran prestar toda su atención al nuevo proyecto. Señala que antes de comenzar el proyecto, les notificó que estaría ausente, y había asumido que informarían de ello al supervisor.

Planifican una reunión con el supervisor, y Mike y Sharon exponen su situación. Bob rebate sus argumentos. El supervisor les notifica que reflexionará al respecto y volverá a hablar con ellos.

Al cabo de unos días anuncia su decisión:

—Sois un equipo y deberíais colaborar entre vosotros. Era el deber de Bob comunicarme su ausencia y no debió asumir que lo harían los demás miembros del equipo, pero como no lo hizo, son los otros quienes deberían habérmelo dicho. Por suerte, Mike y Sharon pudieron cumplir con el plazo de entrega, pero como soy el responsable, mi deber era dar permiso a Bob o buscar a alguien que lo sustituyera. Agradezco a Susan y a Mike el buen trabajo que han hecho, pero también reconozco que la ayuda de Bob al concluir las demás tareas ha contribuido a los buenos resultados del equipo. También reconozco que es necesario volver a valorar si es conveniente mantener este equipo, tanto por el bien de la empresa como por el del mismo equipo. Si no puede haber un clima más cooperativo y colaborativo, es poco probable que funcione con eficacia. Me he encargado de solicitar un curso de formación de espíritu de equipo para los tres. En cuanto a la bonificación, el 20 % del total será para Bob como compensación del trabajo que ha hecho y como reconocimiento de que forma parte de un equipo eficaz. Sharon y Mike compartirán el resto a partes iguales.

ༀ

No hay que pensar en golpear la cabeza de otra persona
porque su opinión sea distinta de la nuestra. Sería tan racional como
golpearnos en la cabeza por ser diferentes que hace diez años.

Horace Mann

ༀ

Caso 2: Un lugar de trabajo abarrotado

Deborah forma parte del equipo responsable de ventas y se lleva bien con sus compañeros. Hace poco, debido a unas restauraciones del edificio, han metido a todos los integrantes del equipo en una pequeña sala. La sala es ruidosa y calurosa. Desde entonces, las ventas de Deborah han disminuido un 10 %, y siente que el entorno influye en su rendimiento. Otros miembros del equipo han aumentado sus ventas. Las ventas de Brendan han aumentado el 32 % desde el cambio de ubicación, y se siente bien con su éxito. La empresa da a conocer la cifra de ventas de todos los miembros para fomentar una sana competición entre los empleados. Deborah le dice a Amanda, la líder del equipo, que hay que hacer algo para paliar los efectos de un lugar de trabajo abarrotado.

Como en el caso anterior, a fin de analizar la situación debemos anotar:

- *¿Cuáles son exactamente los hechos de la situación?*
- *¿Cómo ve Deborah la situación?*
- *¿Cómo ven la situación Brendan y los demás miembros del equipo?*
- *¿Qué opciones tiene Amanda para recuperar la armonía del departamento?*
- *¿Qué posibles soluciones serían aceptables?*

Después de examinar este caso, ya sea solos o con uno o más compañeros, debemos llegar a una solución y compararla con lo siguiente:

Cuáles son exactamente los hechos de la situación:
- Todos conocen las dimensiones de la sala. El equipo permanecerá en esta sala por lo menos durante seis meses. Después, se trasladará a un espacio más amplio, pero seguirá estando en un entorno abierto y todos los miembros del equipo compartirán el mismo espacio.

- Se da a conocer el número de ventas de cada empleado para que todos conozcan los resultados de los demás.
- Todos los vendedores cobran a comisión y, además, hay una bonificación mensual para el representante de ventas que venda más.

Cómo ve Deborah la situación:
- Deborah siempre se distrae mucho cuando hay otras personas en la misma sala. Le cuesta concentrarse cuando está al teléfono y los demás están hablando.
- Acaba de comprarse una nueva casa y no puede permitirse cobrar menos comisión. Su productividad ya ha disminuido un 10 %.
- Ha ganado muchas veces la bonificación mensual y siente que en las circunstancias actuales está en desventaja.

Cómo ve Brendan la situación:
- A Brendan le resulta emocionante trabajar cerca de sus compañeros.
- Interactuar con otros miembros del equipo le brinda nuevas ideas y perspectivas que no ha probado antes.
- Le resulta estimulante el entorno altamente enérgico de la sala pequeña.
- Los resultados: un aumento de s sus ventas del 32 %.

Cómo ven la situación los demás miembros del equipo:
- La mayoría de empleados no la consideran buena ni mala. Algunos han comentado que no están contentos con la reducción de espacio, pero aceptan que es algo temporal y reconocen que tienen que dar lo mejor de sí mismos. Seis meses no duran toda la vida.
- Comprenden por qué Deborah no está contenta. Siempre ha sido muy reservada, pero también ha sido muy agradable y se

ha mostrado dispuesta a ayudar a otros vendedores cuando éstos se lo han pedido.

- Desde el cambio de sala Deborah está más aislada y bastante amargada.
- El estado de ánimo de Deborah ha afectado a la moral del grupo. Según comentó un representante de ventas: «No es divertido tener que oír cómo se queja constantemente de la situación».

Qué cree Amanda que debería hacer para recuperar la armonía del departamento:

- Después de varias charlas en privado con Deborah, así como también con otros miembros del equipo, Amanda ha decidido participar en una lluvia de ideas con todo el equipo. Para ello, convoca una reunión. Señala que no hay forma de poder encontrar un espacio adicional durante el período de obras y que tienen que trabajar en la sala actual hasta que se termine la nueva oficina. Entre todos ofrecen varias ideas y, como en la mayoría de sesiones de lluvia de ideas, una lleva a la otra hasta que se alcanza un acuerdo razonable.

Algunas soluciones posibles:

Para el presente:

- Deborah y todo aquel miembro del equipo al que le moleste el ambiente ruidoso podría colocarse en un extremo de la sala, lejos de los miembros que hablan en voz alta.
- Para reducir el molesto ruido, se podrían facilitar auriculares y quienes lo deseen los podrán conectar a sus teléfonos para evitar distraerse con otras conversaciones.
- A aquellos que les guste conversar y compartir ideas, les asignarán un espacio al otro lado de la sala.

Para la nueva oficina:

- Hablar con los directivos de la posibilidad de construir algunos cubículos insonorizados para Deborah y otros empleados que trabajan mejor solos.
- Si no es posible, separar una parte del espacio abierto con una hilera de plantas para reducir el sonido.
- Realizar sesiones de lluvia de ideas con regularidad en las que participen todos los representantes de ventas para permitir que todo el equipo –no sólo personas como Brendan– debatan ideas y técnicas para resolver los problemas que afrontan en sus tareas diarias.

Caso 3: Cambiar el servicio de catering del club

Durante los últimos seis años, Woodlands, un club de campo de trescientos miembros, ha utilizado el servicio de catering City Center para su restaurante. City Center le provee el almuerzo y la cena de cada día, un *brunch* bufet los domingos y servicio de *catering* para eventos especiales como bodas y fiestas privadas de los miembros. Como churrasquería, los principales platos de City Center son elaboraciones tradicionales de carne y marisco de buena calidad.

La mayoría de miembros estaba satisfecha con la comida y el servicio, pero otros se habían quejado de que preferían una variedad más amplia de platos que incluyera algunas opciones gastronómicas. Cuando se lo comunicaron a los directivos de City Center, éstos rechazaron educadamente la propuesta: «Somos conocidos y ampliamente respetados por nuestra cocina. Lo que nos proponéis no es nuestro estilo».

En la siguiente reunión del consejo, Michelle propuso no renovar el contrato con City Center y que se formara un comité para buscar un nuevo servicio de *catering*.

Jeremy, otro miembro del consejo, se opuso a ello. Dijo que la mayoría de miembros estaba satisfecha con City Center y le gustaba su cocina. «La mayoría somos personas de carne y patatas. Si alguien quiere esos platos de lujo, hay numerosos restaurantes en la ciudad que los sirven». El presidente del club resolvió posponer la moción para la siguiente reunión del consejo.

Vamos a ayudar a sentar las bases para resolver este problema. Como en los ejemplos anteriores, debemos analizar los hechos, las distintas perspectivas de las partes implicadas y las opciones posibles.

Cuáles son los hechos exactos de la situación:
- El servicio de *catering* City Center ha dirigido el restaurante del club durante varios años.
- Como churrasquería, su menú ofrece principalmente platos típicos de carne y marisco.
- Algunos miembros prefieren selecciones más gastronómicas.
- El servicio de *catering* ha rechazado esta propuesta porque cree que se los conoce por su menú actual.
- Michelle, una miembro del consejo, propone una moción para sustituir City Center por otro servicio de *catering*.
- Jeremy, otro miembro del consejo, se opone a ello.
- La moción se pospone a la siguiente reunión.

Cómo ve Michelle la situación:
- El menú de la churrasquería tal vez atraiga a los miembros más antiguos, pero los miembros más jóvenes buscan mayor variedad.
- Los miembros más jóvenes del club no suelen frecuentar el restaurante ni utilizar el club para asuntos privados.
- Nuestro club lograría atraer determinadas empresas si tuvieran un servicio de *catering* más actualizado.
- Hay muchos servicios de *catering* excelentes en la zona que podrían proveer un menú que satisficiera a los miembros de

«carne y patatas» y también ofreciera entrantes, aperitivos, postres y platos especiales más exóticos.

Cómo ve Jeremy la situación:

La mayoría de asiduos del club está contenta con la comida y el servicio actual.

- El club ha trabajado bien con City Center durante años y, bastante a menudo, City Center ha hecho excepciones para satisfacer las peticiones del club.

- Los servicios de *catering* gastronómicos pueden tener buenos platos especiales, pero a menudo estropean un «plato normal» con sus salsas rosas.

Cómo ve la situación el servicio de catering *City Center:*

- El club Woodlands ha sido uno de nuestros mejores clientes durante muchos años y no queremos perderlos.

- En ocasiones anteriores hemos probado ofrecer platos menos convencionales, pero pocos clientes los han pedido y hemos echado a perder los alimentos.

- El veterano chef de Woodlands es el que realmente se encarga de nuestro menú y, a pesar de que es muy bueno, es reacio a probar cosas nuevas.

Una posible solución:

Entre las dos reuniones, tanto Michelle como Jeremy han hablado de ello con los miembros del club. Muchos han estado de acuerdo en que les gustaría que hubiera más variedad, pero creen que habría que esforzarse más para convencer a City Center de que añadiera platos nuevos.

En la siguiente reunión, después de una prolongada charla, deciden que en lugar de formar un comité para buscar un nuevo servicio de *catering*, Michelle, Jeremy y el presidente del club se reunirán con el director de City Center y tratarán de hallar un acuerdo satisfactorio.

En la reunión con él, deciden que pueden llegar a un acuerdo temporal para experimentar con nuevos platos. Ello incluye:

- Contratar a un ayudante de cocinero encargado de elaborar e introducir algunos platos nuevos cada semana.
- Llevar una cuenta de los platos que piden.
- Preguntar a los miembros acerca de su opinión sobre el nuevo menú.
- Seguir ofreciendo todos los platos del menú actual.
- Ofrecer a los miembros que organizan fiestas privadas en el club una selección tanto del menú estándar como del menú gastronómico.
- Un análisis detallado del experimento cada seis meses.

ॐ

Existen tres maneras de abordar la diferencia: mediante el dominio, el compromiso o la integración. Con el dominio, sólo uno consigue lo que quiere; por medio del compromiso, ninguno consigue lo que desea; mediante la integración, encontramos una manera en la que todos conseguimos lo que queremos.

Mary Parker Follett

ॐ

Resumen

- Aunque los directivos no conozcan la existencia de conflictos, no significa que éstos no estén presentes, sino que, simplemente, el empleado no dispone de ningún mecanismo para comunicárselo a los directivos.

- El conflicto que no ha salido a la luz puede ser costoso para una empresa y sus empleados. Si dejamos conflictos sin resolver, perdemos la oportunidad de mejorar o de hacer un cambio que pueda tener un impacto significativo.
- La mayoría de personas se siente incómodas ante un conflicto, porque éste interrumpe su rutina y hace que se sientan vulnerables.
- Para resolver un conflicto conviene adoptar el enfoque pragmático:

  —Anticipar los problemas que puedan conducir al conflicto y abordarlos antes de que surjan.
  —Utilizar el conflicto como un medio para conocer mejor los aspectos implicados.
  —Para solucionar el problema, buscar un compromiso en el que todos salgan ganando.

- Consejos para abordar el conflicto:

  —Abordar la situación cuando la tensión se haya calmado.
  —Elegir un escenario neutral para debatir el problema.
  —Si se adecua, tratar el problema como si fuera un problema de equipo.
  —No dominar la discusión.
  —adecuada y objetiva.
  —Adoptar una postura neutral. Evitar los comentarios acusatorios.
  —Hablar del problema, no de las personas implicadas.
  —Dejar de hablar; escuchar.
  —Actuar en función de lo que nos digan.

- Algunos consejos que nos ayudarán a superar el conflicto de forma productiva y sin albergar rencores son los siguientes:

— Tratar honestamente de ver las cosas desde el punto de vista del otro.

— No preocuparnos por nimiedades.

— Aceptar aquello que no podemos cambiar.

— Decidir la cantidad de ansiedad que merece algo y negarnos a darle más importancia.

— Nunca intentar vengarnos de alguien. Estaremos más satisfechos si ofrecemos la otra mejilla que si devolvemos el golpe a quien creemos que nos ha hecho daño.

7

Hacer frente a personas y circunstancias difíciles

La cuestión en la vida no es si nos vendremos abajo; de eso no cabe la menor duda. La pregunta es: ¿estamos preparados para volvernos a poner en pie... y luchar por aquello que creemos?

Dan Quayle

ॐ

En todos los aspectos de nuestra vida pueden surgir conflictos y discrepancias, al margen de lo mucho que nos esforcemos por tener una buena relación con los demás. Tal vez tengamos que tratar con jefes, compañeros de trabajo, conocidos o familiares desagradecidos.

Por supuesto, queremos resolver los conflictos y seguir adelante, pero tenemos que aceptar que ciertas personas y circunstancias siempre perturbarán nuestra ecuanimidad. Quizás tenemos un supervisor que es más bien desagradable y crítico. Tal vez tenemos un cuñado que parece disfrutar humillándonos, o un miembro de nuestro grupo que finge tener un impedimento para «ganar» todos los torneos de golf. Puede que, simplemente, tengamos que aceptar que algunas personas y circunstancias no serán de nuestro agrado; nuestros intentos por resolver la situación tal vez sean en vano, o puede que no haya nada que podamos hacer por cambiarla.

El modo en que abordamos estas dificultades y/o situaciones desagradables no sólo afecta a la situación inmediata, sino que quizás ejerza un profundo impacto sobre nuestra salud psicológica.

Vamos a examinar algunas de estas situaciones y cómo podemos abordarlas.

Aceptar las críticas

Desde nuestra niñez recibimos críticas de nuestros padres, familiares, profesores, jefes e incluso de personas desconocidas. Nadie es perfecto, y las críticas son un método mediante el cual aprendemos a corregir errores, modificar conductas y mejorar nuestras acciones. Constituyen un elemento esencial de la vida y, si se hacen correctamente, pueden ser importantes para nuestro crecimiento y madurez. Por supuesto, nos deben advertir de nuestros errores para que podamos corregirlos, pero si esta advertencia es cruel e insensible, es posible que nos sintamos estúpidos e ineptos y que mine nuestra moral.

Dale Carnegie nos aconsejó no «criticar, culpar ni quejarnos».

Escribió: «En lugar de culpar a los demás, tratemos de entenderlos». Por desgracia, muchas personas no intentan entendernos y, cuando no están contentas con lo que hacemos, arremeten contra nosotros. No podemos cambiar su personalidad, pero podemos abordar estas críticas de forma constructiva.

Hacer frente a las críticas

Es posible que podamos pensar en una ocasión en la que hayamos ofrecido a alguien la manera de mejorar su propia conducta. Queríamos de verdad ayudar a esa persona a mejorar lo que estaba tratando de hacer. Nuestro objetivo no era hacerle daño. De manera similar, no debemos ponernos a la defensiva ni sentirnos dolidos cuando alguien critica nuestra conducta o comportamiento. La crítica forma parte del proceso de aprendizaje.

No podemos aprender a menos que los demás nos adviertan de nuestros errores y, por supuesto, lo mejor es que lo hagan con tacto y de forma constructiva. Aunque no podemos controlar el modo en que se comunican los demás, sí podemos controlar nuestra respuesta. Está en nuestras manos considerar que la crítica es una experiencia de aprendizaje y no una situación humillante.

Asumir la responsabilidad

«No es culpa mía, yo no lo he hecho», dijo Lois entre sollozos. Negar algo o echar la culpa a los demás es una reacción común ante un comentario crítico. Es posible que neguemos nuestra responsabilidad al margen de que seamos responsables del problema. «Eres tú el que se ha equivocado. Yo lo estoy haciendo como me han enseñado».

Hay quien considera que echar la culpa a quien nos critica o culpar a otra persona de un error es una reacción natural del ser humano. Cuando un adulto acusa a un niño de haber hecho alguna travesura, éste señala a otros niños para evitar el castigo. Muchos de nosotros conservamos este comportamiento en la vida adulta… y a veces nos salimos con la nuestra.

Como adultos, sin embargo, depende de nosotros ser responsables de nuestros errores. Deberíamos considerar las críticas una forma de aprendizaje. Cometemos errores y, como personas adultas, debemos aceptar corregirlos. Pero, como a veces recibimos críticas con poco tacto, el resentimiento domina nuestro pensamiento.

En lugar de pensar en el aspecto que nos han criticado, una reacción habitual es la de centrarnos en la persona que nos ha criticado. Los pensamientos que nos pasan por la cabeza pueden ser: «La odio», «Odio esta empresa», «No es justo», «Me vengaré», «Está bien, lo haré a su manera, pero no voy a dejarme la piel en ello», «Esperaré hasta que quieran algo de mí».

Estos pensamientos negativos no solucionan nada y sólo sirven para hacernos sentir más miserables. Igual que Dale Carnegie advirtió a quien critica que tratara de comprender a aquellos a los que critica, nosotros deberíamos intentar comprender a las personas que nos critican.

A Brian le ofrecieron la posibilidad de comenzar a aceptar las críticas en el trabajo. Estaba furioso. Joe, su jefe, acababa de regañarlo delante de todo el departamento por haber tomado una mala decisión sobre un proyecto del que era responsable. No sólo había hecho que Brian pareciera estúpido delante de sus compañeros, sino que había tomado la decisión basándose en lo que él consideraba un buen criterio.

Brian salió de la sala enfurruñado, resuelto a dejar el trabajo. «¿Cómo puedo trabajar para una persona que no sólo me critica injustamente, sino que además me avergüenza delante de mis amigos?», pensó.

Después de tranquilizarse, volvió a considerar su reacción. Sin duda, Joe no había abordado bien la situación, pero dejar el trabajo le perjudicaría más a él que a su supervisor. Brian seguía creyendo que su decisión era correcta, pero su jefe tenía derecho a tener su opinión, y era el máximo responsable del resultado del proyecto.

Al aceptar las críticas y no permitir que éstas degeneraran en un sentimiento duradero de rencor hacia su jefe, Brian pudo repensar el proyecto, hablar de forma racional con Joe de los motivos por los que había tomado esa decisión y llegar a una solución aceptable para los dos que era mejor que cualquiera de las ideas que tanto él como Joe habían tenido al principio. Es más, Brian se dio cuenta de la importancia de no dejar que las críticas afectasen a la relación con su jefe, al margen de que éste se las hubiera comunicado de forma poco acertada.

No tomárnoslo como algo personal

Debemos recordar que no es a nosotros que nos están criticando, sino lo que hemos hecho. La mayoría de supervisores y compañeros no quieren humillarnos, sino ayudarnos a corregir una situación. Por desgracia, puede no parecerlo por su falta de tacto. No somos estúpidos ni ineptos. Es la tarea lo que han criticado, no al ser humano que la ha realizado. Tal vez recordemos el libro *Los cuatro acuerdos* de Don Miguel Ruiz. Una de las cuatro ideas que ofrece es: «No tomarse nada como un asunto personal». Lo que quería decir Ruiz era que lo que dicen los demás es un reflejo de sus percepciones y puntos de vista. En consecuencia, cuando alguien nos critica lo único que está haciendo es una declaración sobre sí mismo. No es necesario que nos sintamos enfadados, dolidos o avergonzados por sus palabras. Nuestras emociones deberían estar al margen de esto.

Debemos recordar que el éxito de un supervisor se mide por el éxito de su departamento. El hecho de que no prosperemos se reflejará en el supervisor. Si nuestro jefe emplea palabras que parecen crueles, es probable que esté actuando para protegerse a sí mismo, pero también para ayudarnos a nosotros a largo plazo.

Agradecer la información

Las personas verdaderamente maduras pueden aprender incluso de las críticas más malintencionadas. Si las críticas nos han hecho tomar conciencia de una debilidad, defecto o error, podemos aprender de ellas.

Debemos centrarnos en la lección y olvidar el método.

ು

No importa si lo que afrontamos afecta a nuestro trabajo, nuestras relaciones personales, nuestra seguridad, nuestra autoestima o nuestro aspecto; el modo en que pensamos sobre nuestra situación

es lo que determina en gran medida si haremos algo al respecto
y qué es lo que haremos.

Arthur Freeman, psicólogo y escritor

☙

El jefe poco razonable

Algunas personas parecen hacerse oír más que otras con sus críticas, y cuando ocupan cargos de liderazgo, estas personas es posible que crean que simplemente deben corregir a sus empleados con frecuencia.

Cuando a Jack le preguntaron por qué siempre estaba machacando a sus empleados, respondió: «Ése es el trabajo de un jefe». Jack siempre había trabajado para jefes que criticaban, culpaban y se quejaban, y había asumido que así debía supervisar a los demás.

Arlene era muy perfeccionista y no podía soportar a quienes no cumplían con sus exigentes criterios. Perdía la paciencia con aquellos que no aprendían con rapidez y precisión y con frecuencia expresaba su desagrado en voz alta y con tono sarcástico. Arlene se decía a sí misma que no era una presa fácil, y no temía decir lo que pensaba. No había aprendido que podía hacerlo de forma provechosa y brindando su apoyo, y que de este modo lograría mejores resultados.

La mayoría de nosotros no podemos decidir quién será nuestro jefe. Tal vez, tengamos una excelente relación con nuestro supervisor, pero cuando éste deje el trabajo, puede que quien le sustituya tenga un estilo de dirección totalmente distinto que juzguemos intolerable.

Puesto que no podemos cambiar el comportamiento de nuestro jefe, la mejor manera de abordar esta situación es concentrándonos en aquello que podemos cambiar: el modo en que respondemos a él. Podemos probar estas tácticas:

1. *Recordar que las críticas injustas a menudo ocultan cumplidos.* A veces, las personas están tan inseguras de su éxito que critican a los demás para que sus errores parezcan más insignificantes. Si alguien nos critica injustamente, los otros no tardarán en darse cuenta.

2. *Dar lo mejor de nosotros mismos en el trabajo.* No podemos controlar la actitud de nuestro jefe ni lo que dice sobre nosotros, pero sí podemos controlar lo bien que desempeñamos nuestro trabajo. Los directivos advertirán cómo trabajamos.

3. *Tratar honestamente de ver las cosas desde el punto de vista del otro.* Si nos ponemos en la piel de esa persona –con todas sus tensiones y preocupaciones– tal vez encontremos algunas pistas sobre ese comportamiento. Por supuesto, eso no justifica lo que ha hecho, pero nuestra empatía podría empezar a derribar los obstáculos que nos generan frustración.

ༀ

*Las dificultades de la vida no están para paralizarnos,
sino para ayudarnos a descubrir quiénes somos.*

Bernice Johnson Reagon, compositor y cantante estadounidense

ༀ

4. *Hablar bien de nuestro supervisor.* Puede parecer contraintuitivo, pero en realidad es útil hablar bien de un supervisor difícil. Debemos otorgar a nuestro jefe una buena reputación para que esté a la altura de la misma, manifestar delante de los demás lo importante que es para la empresa y destacar incluso el más mínimo rasgo positivo. Entonces, al margen de lo que haga nuestro supervisor, debemos tratarlo como si estuviera a la altura de esa reputación. Incluso a la persona más desagradable le costará ser mezquina ante las muestras de bondad persistente.

5. *Trabajar en la relación.* Debemos permitir que nuestro supervisor sepa que queremos tener una buena relación con él, y preguntarle qué podemos hacer para que la relación entre nosotros sea más fluida. Si corresponde, tal vez queramos disculparnos por todo aquello que parezca haber ido mal en nuestras interacciones. Debemos asegurarle que ante todo queremos contribuir a la prosperidad de la empresa.

6. *Pedirle consejo.* Si nuestro jefe se siente amenazado por nuestra pericia, debemos darle algunas oportunidades para que demuestre su superioridad. Por ejemplo, podemos pedirle que comparta su opinión en áreas en las que verdaderamente sabe más que nosotros.

7. *Corregir los errores de inmediato.* Si descubrimos que nuestro supervisor está divulgando mentiras sobre nosotros, debemos informarle de que sabemos lo que ha dicho y que eso no es cierto. No hay que ser groseros, sino simplemente expresar que debe haber habido algún malentendido y que queremos dejar las cosas claras.

8. *No esperar que nuestro supervisor cambie de la noche a la mañana.* Como hemos mencionado antes, no podemos cambiar a los demás, sino que solamente podemos cambiar nuestra reacción a su comportamiento. Debemos encarar la situación de frente, abordar cada incidente en el momento que surja y no preocuparnos por lo que podría pasar mañana.

9. *Llenar nuestra mente de pensamientos de paz, coraje, salud y esperanza.* Ir más allá de los incordios del día a día provocados por nuestro jefe y contemplar las metas más nobles de la vida. Elegir de manera consciente ser personas tranquilas, contentas y con la suficiente confianza en sí mismas como para no dejar que nos molesten las críticas de los demás.

10. *Contar nuestras bendiciones.* Debemos centrarnos en la parte buena de nuestra vida. Una familia afectuosa, por ejemplo, supone recompensas que superan con creces cualquier trabajo.

Las sugerencias anteriores no se limitan al lugar de trabajo. Son igualmente efectivas en situaciones con personas difíciles ya sea en nuestro círculo social, en nuestra comunidad o en nuestra familia. Más adelante en este capítulo hablaremos de cómo hacer frente a personas y circunstancias desquiciantes.

છ

A pesar de que el mundo está lleno de sufrimiento,
también está lleno de personas que lo superan.

Helen Keller

છ

Cuándo debemos discrepar

Los desacuerdos son inevitables. Sin embargo, el modo en que los abordamos puede ser determinante en nuestras relaciones.

Un buen ejemplo es Patrick, el director de fabricación de Proper Paper Co., que asistirá a una importante reunión en la que la alta dirección de la empresa decidirá si invertir en un proceso de fabricación cuyos beneficios aún no han sido demostrados. Le han pedido ayuda para que haga una recomendación preliminar. El problema es que el jefe de Patrick, el vicepresidente de operaciones, respalda completamente la idea, mientras que Patrick tiene importantes reservas.

Patrick podría deferir a su jefe y permanecer en silencio, por supuesto, pero el resultado podría ser el fin de una pequeña fábrica de papel. «Te lo dije», carecería de importancia que sesenta personas se hubieran quedado sin trabajo. Por otro lado, podía iniciar una disputa con el equipo directivo y señalar lo ridículas que eran las suposiciones de su jefe. Eso podría funcionar, pero corría el riesgo de perder el apoyo de la directiva y de acabar con cualquier posibilidad de tener una buena relación con su jefe. También podía dar marcha atrás y comenzar a escribir su currículum.

Qué hizo Patrick

Patrick visitó a su mentor, un ejecutivo jubilado de la primera empresa en la que había trabajado después de graduarse en la universidad. Su mentor le propuso que adoptara una postura neutral mediante un desacuerdo amistoso. Le sugirió que preparase una presentación informal que incluyese los siguientes aspectos:

1. *Reconocer que su jefe tiene varios buenos argumentos.* El jefe de Patrick no estaba completamente equivocado. Algunos aspectos del proceso que proponía eran muy acertados. Sin lugar a dudas, prometían; las pruebas llevadas a cabo en pequeñas fábricas de papel han ahorrado tiempo y dinero en la fabricación de papel sin sacrificar la calidad. Al mismo tiempo, sin duda, la empresa debía contemplar los nuevos procesos de fabricación a fin de seguir siendo competitiva.

2. *Transición hacia su punto de vista.* Patrick no podía negar su primer comentario con las palabras «pero» o «sin embargo» porque eso crearía instantáneamente las líneas de combate. En lugar de eso, después de reconocer que la opinión de su jefe era válida, hizo una breve pausa y luego dijo: «He pensado en algunos factores más que podrían influir en nuestra decisión». Parecía una manera muy neutral de iniciar la conversación.

3. *Exponer los hechos.* Al principio, Patrick quería presentar páginas y páginas de informes para demostrar su idea. Quería sacar la ira

que sentía contra su jefe colmando de papeles al equipo directivo. En lugar de eso, redujo su argumento a sólo dos aspectos principales: que, según sugerían los datos, el proceso que proponía perdería eficiencia a medida que la empresa se expandiera, y que todavía había que probarlo en una industria del tamaño de su empresa.

4. *Terminar con una frase neutral.* Dados los hechos, a Patrick le parecía razonable sugerir que la empresa formase un equipo más amplio para considerar su opción, además de otras, con mayor detalle. Incluso podría apaciguar a su jefe y decirle que sería emocionante que este nuevo proceso, después de un análisis más profundo, demostrase ser la oportunidad adecuada para la empresa.

5. *No enfadarse.* Los desacuerdos rara vez transcurren según lo planeado. Así, Patrick pudo recordar que él sólo podía proporcionar la información, no controlar la decisión definitiva. Si su jefe le rebatía su idea, podía «aceptar discrepar» con él, pero no debía involucrarse en una batalla verbal. Él –y la empresa– sólo saldrían perdiendo.

No es sorprendente que la directiva aceptara la propuesta de Patrick. Su jefe incluso estuvo de acuerdo con él en que era lo más sensato que podían hacer. La próxima vez que sepamos que vamos a discrepar con alguien podremos conseguir estos mismos resultados.

Convertir la «preocupación» en «inquietud»

Jack no podía dormir. Estaba sumamente preocupado. En una semana empezaba a trabajar su nuevo jefe, un completo desconocido. Se había llevado de maravilla con su antiguo jefe, pero cuando éste se jubiló, en lugar de designar a uno de los veteranos para el puesto de supervisor, contrataron a una persona externa. «Quizá este nuevo tipo sea demasiado estricto; tal vez no le guste», pensó.

Durante los días siguientes estuvo nervioso en el trabajo y tuvo grandes dificultades para dormir. Advirtió que Tony, su amigo y compañero de trabajo, no parecía estar tan alterado, así que le preguntó:

—Tony, ¿no estás preocupado por el nuevo jefe?

Tony sacudió la cabeza.

—Claro que estoy inquieto. Podría hacer cambios en la oficina. Pero no estoy preocupado. ¿Qué es lo peor que podría pasar? A lo sumo, podría echarme. Si me despide, he aprendido mucho aquí, de modo que buscaría otro trabajo. No hay ninguna verdadera razón por la que debería echarme. He hecho un buen trabajo y seguiré haciéndolo. Si realiza cambios, podré vivir con ellos. De lo contrario, hay más trabajos ahí fuera. ¿Por qué preocuparse entonces?

Jack se tomó muy en serio estos argumentos y pudo trabajar sin preocupación y sin perder más horas de sueño. Sin lugar a dudas seguía inquieto, pero como trató de que estos preceptos controlaran su preocupación, fue capaz de abordar la situación con seguridad en sí mismo.

Encarar los despidos

El motivo más común por el que uno pierde su trabajo no es por su mala conducta, ni siquiera por su bajo rendimiento. Cuando las cosas se complican en una empresa, los directivos pueden verse obligados a reducir costes mediante recortes en la plantilla. Una de las circunstancias más difíciles que posiblemente tengamos que afrontar como trabajadores es la pérdida del empleo. Perder el trabajo puede ser devastador, tanto a nivel económico como emocional.

Como adultos maduros, deberíamos ser capaces de hacer frente tanto a lo bueno como a lo malo de nuestra profesión. Con una planificación cuidadosa y prestando atención a la posibilidad de la reducción de personal, podemos dar lo mejor de nosotros para aumentar al máximo la probabilidad de que nos mantengan en la empresa durante un período de recortes de personal. Esta probabilidad puede aumentar de forma significativa si tomamos medidas para destacar como empleados valiosos.

Seis maneras de contribuir al resultado final de una empresa
A pesar de que en las empresas que acaban de hacer recortes de personal la tendencia de algunos empleados consiste en agacharse, evitar llamar la atención y pasar desapercibidos, no es lo que la empresa necesita. En momentos así, las empresas quieren y necesitan más que nunca que los empleados se pongan manos a la obra, piensen con creatividad, asuman riesgos calculados y aporten sus mejores esfuerzos e ideas a fin de que la empresa cobre impulso.

Existen seis mecanismos mediante los cuales podemos tomar las riendas de nuestro futuro y hacer mucho más con mucho menos:

Ahorrar dinero
En el núcleo de toda empresa próspera está la búsqueda continua de formas de ahorrar dinero sin sacrificar en la calidad de los bienes y servicios. Si podemos examinar los costes ocultos y explorar medidas de ahorro, podremos concebir medidas con valor añadido.

Ahorrar tiempo
El tiempo es esencial; el tiempo es dinero. Todos los jefes y directores ejecutivos de empresas saben que el tiempo es el recurso más escaso.

Si podemos encontrar maneras de ahorrar tiempo conservando una calidad excepcional, podremos añadir incluso más valor.

Mejorar la calidad
Pedir y escuchar la opinión de nuestros clientes y vendedores puede proporcionar información de inestimable valor acerca de cómo

podemos mejorar la calidad de nuestros bienes y servicios. Podemos anticipar lo que quieren nuestros clientes o, simplemente, preguntárselo. Las encuestas y las valoraciones nos proporcionan un conocimiento excelente acerca de cómo podemos subir el listón y tener un impacto inmediato.

Mejorar los procesos

A veces seguimos haciendo las cosas de determinada manera porque es como lo hemos hecho siempre. El análisis de los sistemas y los procesos actuales puede permitirnos conocer sus puntos fuertes, así como también oportunidades de mejora. Si podemos colaborar para hacer que los procesos sean más eficientes y eliminar las actividades innecesarias, podremos reducir costes y tiempo y añadir más valor.

Aumentar la cuota de mercado

Cuando aumentamos nuestra cartera de clientes, reducimos nuestra competencia. Fomentar la confianza, sobrepasar las expectativas, ofrecer un servicio de primera al cliente y pedir referencias, son sólo algunos de los mecanismos para aumentar las ventas y hacer que crezca nuestra empresa.

Si encontramos maneras de aumentar nuestra cuota de mercado, podremos tener un impacto inmediato y tomar las riendas de nuestro futuro.

Mejorar la imagen de la marca

Casi todo lo que hace y dice una empresa se refleja en la imagen de su marca. Desde sus vendedores, su página web, sus estrategias de marketing y sus garantías, a su servicio al cliente y la calidad de sus productos, todo impacta en su imagen. Todas las empresas prósperas tienen una imagen potente porque han sabido diferenciarse de la competencia. Podemos añadir incluso más valor si continuamente buscamos maneras de mejorar la imagen de la marca de nuestro empleador.

Si no tuviéramos invierno, la primavera no sería tan agradable; si no probáramos la adversidad de vez en cuando, la prosperidad no tendría tan buena acogida.

Anne Bradstreet, poeta estadounidense

ↄ

Ser útiles para nuestro empleador

Además de contribuir a mejorar la productividad de nuestra empresa, existen otros mecanismos para potenciar el valor que tenemos para nuestro empleador. Aunque no podemos asegurarnos de que nunca nos despedirán, nuestra conducta en el lugar de trabajo puede influir en gran medida en la decisión sobre qué empleados conservará la empresa.

Ser buenos en lo que hacemos

El primer requisito es la eficiencia: es esencial para todas las demás sugerencias. A menos que hagamos bien nuestro trabajo, fracasarán todos los planes que hagamos para sobrevivir. Debemos aprender todo lo que podamos sobre nuestro trabajo y las demás funciones de nuestro departamento y trabajar para contribuir a que nuestra empresa cumpla sus objetivos. Debemos estudiar el trabajo y hacer propuestas sobre cómo poder mejorarlo. Por encima de todo, debemos fijarnos criterios exigentes tanto para nosotros como para los trabajadores a los que supervisamos, y esforzarnos por que se cumplan.

Mantenernos al día en la tecnología y estar abiertos a nuevas técnicas

En el mundo dinámico en que vivimos, las cosas están cambiando constantemente. Resulta obvio en un trabajo técnico y profesional, pero todos, no sólo los trabajadores profesionales, debemos mantenernos al día conociendo lo más actual de nuestros respectivos campos. Darlene, una supervisora de oficina, está suscrita a varias revistas digitales sobre administración de oficinas. Siempre visita las exposiciones de equipamiento de oficina. A resultas de ello, ha logrado que su empresa haya sido una de las primeras en beneficiarse de un nuevo *software* de gestión de base de datos que había salido al mercado y que incluía una revisión de la red de comunicaciones de la empresa. Cuando su empresa fusionó varios departamentos y eliminó algunos cargos de supervisión, no hubo ninguna duda acerca de la permanencia de Darlene.

Expandir nuestra labor
Kevin, uno de los varios coordinadores de ventas, era responsable de hacer el seguimiento desde que se firmaba una venta hasta que se transportaba la mercancía. Si los clientes tenían algún problema con el producto después de haberlo recibido, tenían que dirigirse al departamento de servicio al cliente, que muchas veces tenía que recurrir a Kevin para obtener la información necesaria. Kevin ideó un sistema por medio del cual la información esencial sobre las transacciones figuraba en una base de datos que podían consultar los representantes del servicio al cliente. Introducir la información le supuso mucho trabajo. Cuando se habló de la posibilidad de recortar la plantilla, Kevin era demasiado valioso como para perderlo.

Ser visibles
A muchos buenos trabajadores no los conoce nadie más que sus jefes inmediatos. Existen muchas formas de hacernos visibles, entre ellas:

- Intervenir en las reuniones. No debemos temer expresar nuestras ideas.
- Ser miembros activos de las asociaciones comerciales o profesionales de nuestro campo e informar de sus actividades a nuestros jefes.

- Escribir artículos para revistas comerciales o páginas web.
- Presentar buenas ideas al buzón de sugerencias de la empresa.

Actuar de forma positiva

Cuando Shirley se enteró de que su empresa planeaba reducir la plantilla, adoptó una actitud totalmente negativa. Asumió que la despedirían, y esta idea se reflejó en su trabajo y su actitud. Aminoró el ritmo, cometió más errores, criticaba todo lo que proponía su supervisor y, en esencia, se «marchó» antes del despido.

Su compañera Vicki fue más positiva. Pensó que como era buena, seguramente la mantendrían. Se esforzó más y se mostró más eficiente. Cuando se necesitaba una tarea en concreto, no dudaba en hacerla. Siguió contribuyendo con el mismo esfuerzo, energía y compromiso de siempre. La directiva apenas dudó entre cuál de estas dos trabajadoras iba a quedarse.

Ser flexibles

Elliot había gestionado su tienda durante dos años y estaba orgulloso de decir a todo el mundo que era el encargado. Por desgracia, debido a la situación económica, la empresa se vio obligada a cerrar su tienda. Le ofrecieron un puesto de encargado auxiliar en otra tienda. «¿Cómo voy a aceptar un cargo menos importante?» pensó Elliot. «¿Cómo les voy a decir a mis amigos que ya no soy el encargado? Quizás debería buscar un puesto de encargado en otra cadena».

Consciente de que la economía estaba empeorando, Elliot comprendió que le resultaría difícil conseguir otro empleo en ese momento. Habló con un ejecutivo de la cadena sobre sus posibilidades de crecimiento en el nuevo cargo, y éste le dijo que su actual empleador lo respetaba y apreciaba y que podía esperar retomar su profesión cuando la economía se recuperase.

Aceptar un trabajo distinto del que ocupamos actualmente o que nos trasladen a otro puesto puede causar algunos inconvenientes e incluso acarrear una reducción de nuestro salario, pero normalmente esta situación es mejor que no tener trabajo o que cambiar de empresa, donde nadie nos conoce y tenemos que empezar de cero.

Estar listos para cambiar de trabajo si es necesario

Puesto que hay épocas en las que, al margen de lo que hagamos, no podemos evitar perder nuestro empleo, deberíamos estar preparados para empezar a buscar trabajo. Debemos preparar nuestro currículum, mantenerlo actualizado y aprovechar los contactos que hemos hecho en nuestro trabajo y a lo largo de nuestra vida para crear una red de contactos que nos conduzca a otros trabajos. Por supuesto, las redes sociales son un método excelente para dar a conocer a los demás nuestra disponibilidad y capacidades. Debemos recordar siempre que estas redes son una vía de doble sentido: antes de dedicarnos a nuestra red, debemos dedicar tiempo a ofrecer ayuda y orientación a los demás.

Un despido no significa el fin del mundo. La mayoría de personas encuentra otro trabajo y con frecuencia es mejor que el trabajo que han perdido. No hay que avergonzarse por que nos hayan echado a consecuencia de una reducción de plantilla, ni tampoco deberíamos sentirnos culpables de que nos mantengan en la empresa a pesar de que hayan prescindido de nuestros compañeros.

ଓ

Debemos aceptar la decepción temporal,
pero nunca perder la infinita esperanza.

Dr. Martin Luther King, junior

ଓ

Cuando superamos los recortes de personal

Muchas veces las personas que logran eludir los recortes de personal experimentan lo que los psicólogos denominan «culpa del superviviente». Sienten alivio por no haber perdido su trabajo, pero también disgusto por el destino de sus compañeros menos afortunados y preocupación por que les guarden rencor a causa de su mejor suerte. Su lealtad con la empresa es ambivalente y temen constantemente que pronto les llegará el turno a ellas. Con bastante frecuencia, se les exige que se repartan el trabajo que antes hacían sus antiguos compañeros.

Las tareas adicionales, algunas de las cuales tal vez sean nuevas para los empleados que se quedan, añaden más estrés a aquellos que logran eludir los despidos.

Las personas necesitan ayuda para superar estas emociones y así poder contribuir a la empresa, además de para conseguir tranquilidad en sus puestos de trabajo y esperanza para el futuro.

Cuando conservamos nuestro empleo después de una reducción de personal, debemos aprender a mostrarnos positivos y centrarnos en aquello que podemos controlar, a fin de aumentar nuestra productividad y valor y volver con más fuerza que nunca. He aquí algunas sugerencias.

Diez consejos para reducir el estrés y mostrarnos positivos después de lograr eludir un despido

1. *Hablar, hablar y hablar.* No permitir que degeneren nuestras emociones. En vez de eso, explicar nuestra historia a un amigo, compañero o representante del programa de ayuda al trabajador de nuestra empresa con el que tengamos confianza. Todo el mundo necesita saber que lo escuchan. Deberíamos evitar quejarnos. Por ejemplo, es posible que se nos pida participar en conversaciones acerca de «la crueldad de la empresa por haber despedido a tanta gente» o «la dificultad de asumir el trabajo de aquellos que ya no están en la empresa». Este tipo de discusión muchas veces es endémico en un período de dificultades para la empresa. Sin embargo, intervenir en estos debates en realidad es

perjudicial porque, de este modo, consolidamos todavía más la negatividad de nuestros compañeros y nuestro entorno de trabajo, y reforzamos el negativismo y el estrés en nuestra mente.

2. *Escribir un diario.* Anotar nuestros pensamientos, sentimientos y preocupaciones nos permite procesar y resolver la confusión que sentimos.

3. *Retomar actividades,* aficiones y rutinas de trabajo en cuanto hayamos recuperado la sensación de comodidad, seguridad y estabilidad.

4. *Contar nuestras bendiciones y ver el lado positivo de las cosas.* Crear una red de apoyo entre compañeros a la que recurrir cuando impere el desánimo.

5. *Mantenernos sanos.* Comer correctamente, hacer ejercicio, estar hidratados, reír, escuchar nuestra música favorita, mimarnos y dormir el tiempo suficiente.

6. *Apelar a nuestros puntos fuertes.* Hacer un inventario de nuestros activos o puntos fuertes y anotar las cualidades o estrategias que en el pasado nos han ayudado a atravesar las épocas de estrés.

7. *Relacionarnos con personas positivas y evitar a las que inician rumores.* Poner de nuestra parte para mantener la moral alta por aquellos que faltan. Considerar la idea de crear un comité con los demás empleados que sea responsable de organizar eventos, comidas en las que cada uno aporta un plato, festines, etc. a fin de aumentar la moral de todos.

8. *Cooperar con lo inevitable.* No preocuparnos por el pasado, sino centrarnos en el futuro. Adoptar un enfoque proactivo respecto

al futuro. Mejorar nuestro currículum y tomar medidas que nos hagan sentir que controlamos la situación.

9. *Recordar que los despidos no son culpa nuestra y que nuestras emociones son normales y legítimas.* Ser pacientes con el tiempo que se necesita para superar la pérdida y las injusticias y no dejarnos desalentar por los contratiempos.

10. *Tender la mano a los compañeros que han sido despedidos, escribir cartas de recomendación y preguntarles cómo podemos ser un apoyo para ellos.* Ayudarles a conectar y establecer contactos en redes sociales como Facebook, LinkedIn, etc.

Siete consejos para permanecer centrados y productivos después de un despido

1. *Cuando nos descubramos «en buena racha», permanecer así.* Sacar provecho de estas rachas de energía.

2. *Desarrollar la capacidad de actuar con urgencia.*

3. *Priorizar nuestros objetivos, aprovechar nuestra motivación y creatividad y no permitir que nada nos detenga.* Nos han elegido para permanecer en la empresa, lo que demuestra que nos consideran trabajadores valiosos. ¿Por qué no conservar nuestra buena reputación?

4. *No permitirnos dejar las cosas para más adelante.* Realizar esas importantes llamadas telefónicas y enviar esos correos electrónicos que hemos desatendido.

5. *Ceñirnos a nuestra lista de tareas.* Concentrarnos en las prioridades y premiarnos cuando tachamos las tareas que finalizamos,

pues uno se siente poderoso al conseguirlo. Superaremos el trauma más rápidamente si contribuimos de manera activa.

6. *Fijarnos objetivos realistas, dividirlos en pequeños pasos y realizarlos.*

7. *Cooperar con nuestros compañeros de equipo.*

Circunstancias difíciles en nuestra vida privada

Por supuesto, algunas de las circunstancias más difíciles que experimentamos no suceden en el lugar de trabajo. Vamos a examinar los instrumentos que podemos utilizar para abordar los conflictos con nuestros familiares y amigos.

Conflictos entre padres e hijos

Helena y su hijo David siempre habían estado muy unidos, pero cuando éste entró en la adolescencia todo cambió. El tiempo que pasaban juntos se tornó tenso y discrepaban sobre casi todo, desde sus notas en la escuela, que habían bajado de excelente a bien, a su descuido de las tareas del hogar.

Fred, el padre de David, se había divorciado de Helena cuando David tenía cuatro años y ahora vivía en Texas, a mil quinientos kilómetros de Helena y David. Durante años Fred había ignorado a David, pero hace cinco años, cuando David tenía diez años, manifestó su deseo de volver a establecer un vínculo paternal con él. Desde entonces, David pasa unas semanas al año con Fred y su nueva mujer e hija.

En sus frecuentes discusiones, David acusaba a Helena de ser demasiado estricta con él y de exigirle demasiado. Le dijo que prefería estar con su padre. El momento culminante llegó cuando David le dijo a su madre que después de varias conversaciones telefónicas con su padre, habían acordado que se iría a Texas a vivir con él al término del curso escolar.

Helena estaba destrozada. Trató de convencer a David para que cambiara de opinión. Habló de ello con su pastor, su abogada, sus amigos y su terapeuta, y todos hablaron con David, pero éste se mantuvo inflexible. Su abogada dijo que probablemente podría retenerlo con un interdicto, pero que el padre podía recurrirlo. En casos similares, el juez hablaba en privado con el adolescente y, a menos que hubiera circunstancias atenuantes, se respetaba su deseo.

Cuando David se marchó a Texas, Helena se quedó desconsolada. Pensó y repensó en lo que podría haber hecho para evitar que eso pasara. Tal vez había sido demasiado exigente, pero se decía a sí misma que lo hacía por el bien de David. Con ayuda de su terapeuta, aprendió a aceptar que simplemente había criado a su hijo de la mejor manera que había sabido. Después de explicarle su historia a su terapeuta, también llegó a comprender que las críticas de David eran, en realidad, un reflejo de las dificultades de la adolescencia. No tenía que creerlas. Eso la ayudó a superar sus sentimientos de culpa y la idea de que había sido una mala madre.

Otra técnica que utilizó Helena para superar esta dificultad fue apuntarse al gimnasio al que iban algunas amigas suyas a hacer aerobic. El ejercicio la ayudó a aliviar parte de su tensión y le brindó la oportunidad de volver a reiniciar su vida social.

Hablaba con David por teléfono y por Skype con regularidad. A medida que pasó el tiempo, sus conversaciones se tornaron más cálidas, y David admitió que la echaba de menos y que tenía ganas de ir a visitarla en las próximas vacaciones de la escuela.

Ahora hace dos años que David se marchó. Helena todavía lo añora. Su hijo ha terminado el instituto y está a punto de entrar en la Universidad de Texas. Se da cuenta de que en realidad sólo ha perdido dos años con él, puesto que en ese momento se habría ido de casa para ir a la universidad. David la llama con frecuencia y la visita siempre que puede. Los dos esperan con ilusión esas visitas, y mientras David se adentra en la vida adulta, han recuperado la buena relación entre ellos.

Conflictos entre amigos

Catharine y Ellen iban al mismo instituto de posgrado y se llevaban bien en clase. La vivienda de Catherine estaba lejos del instituto, y puesto que Ellen necesitaba ayuda para pagar el alquiler, le pidió a Catharine si quería ser su compañera de piso. Catherine se mudó al piso de Ellen al comienzo del siguiente mes.

Pronto Ellen se dio cuenta de que Catharine no era una persona especialmente ordenada. Ellen estaba acostumbrada a mantener las cosas limpias y ordenadas, pero Catharine tenía el hábito de arrojar su mochila allá donde fuera y de dejar los platos sucios siempre que terminaba de comer. Aunque Ellen disfrutaba de la compañía de Catharine y realmente necesitaba ayuda para pagar el alquiler, sentía que su conducta era egoísta. Un día se hartó de verdad y acusó a Catharine de ser una dejada y desconsiderada.

La primera reacción de Catharine fue ponerse a la defensiva, pero como era muy versada en relaciones interpersonales, se reprimió. Pensó en la perspectiva de Ellen, que había mantenido su hogar de un determinado modo y había tenido que adaptarse a los cambios que suponía tener una persona nueva en casa. También admitió que, a pesar de que Ellen la había atacado, sus palabras se referían a su comportamiento, no a su persona. Catharine reconoció que no había tenido en cuenta las costumbres de Ellen relativas al mantenimiento de la casa y le dijo que sería más consciente de ellas de ahora en adelante. Se disculpó y le pidió que le dijera qué podía hacer para ser mejor compañera de piso.

Al responder sin apasionamiento a las críticas de Ellen, Catharine pudo calmar la situación y vivir en armonía con ella.

Volvernos a poner en pie

Cuando experimentamos una decepción importante, ya sea en nuestro trabajo o en otros aspectos de la vida, no es raro que nuestra moral se venga abajo y que la confianza en nosotros mismos sufra un duro golpe. Todos tenemos la capacidad de volvernos a poner en pie y superar la depresión que nos desmoraliza cuando las cosas van mal. Podemos hacer todo lo posible por corregir los problemas tangibles, pero también tenemos que tomar medidas explícitas para superar la depresión psicológica que puede estar minando nuestra fuerza y energía. Si no tomamos medidas correctivas de manera inmediata, nuestro estado emocional puede degenerar en autocompasión, fracaso e infelicidad.

Consideremos el caso de Ron, un próspero vendedor de una empresa informática. Durante años su cliente más importante ha sido la empresa Lincoln Manufacturing, que ha representado el 30 % de sus ingresos. Ron acababa de descubrir que dicha empresa iba a cerrar su oficina de Toledo y fusionar sus operaciones con la oficina de Houston.

Durante las siguientes semanas Ron anduvo deprimido, lamentándose de su pérdida. «No creo que nunca me recupere de la pérdida de este cliente», se quejaba. Su director de ventas le dio charlas motivadoras, animándole a que tratase de buscar nuevos clientes. Le facilitó contactos adicionales, pero nada parecía ayudarle. Ron llamó a los nuevos clientes, pero sus presentaciones carecían de entusiasmo; las dudas acerca de sus habilidades calaron en los posibles clientes y no logró realizar las ventas.

Estos fracasos se añadieron a la pérdida del principal cliente e hicieron que Ron se sintiera todavía peor consigo mismo y sus circunstancias. Ron se sumió en un estado de profundo pesimismo y consideró seriamente la idea de dejar las ventas y buscar una profesión menos exigente.

Pero Ron había luchado mucho para ser un vendedor próspero, y no podía echar a perder todos aquellos buenos años. Con ayuda de su director de ventas, atravesó las etapas de duelo que siguen tras una importante pérdida. Finalmente, aceptó el hecho de que la pérdida del cliente no tenía nada que ver con su capacidad. Seguía teniendo las mismas aptitudes y motivación que durante años le había permitido vender su producto a la empresa Lincoln y a todos sus demás clientes. Tenía que volver a empezar con una confianza y un entusiasmo renovados.

Fijarnos objetivos realistas y alcanzables

La única manera de recuperar su confianza era logrando que sus ventas prosperaran. Ron se fijó nuevos objetivos y los comentó con su supervisor.

—Art, en seis meses voy a encontrar un sustituto para ese cliente.

—Excelente, Ron, ¿cuál va a ser tu plan?

—Me esforzaré, de verdad me esforzaré mucho y lo conseguiré.

—Me alegro de que te sientas así, pero vamos a analizar el mercado y a marcarnos objetivos realistas. Si te fijas un objetivo demasiado exigente para un período demasiado corto, estarás preparándote para el fracaso. Es más importante que te fijes objetivos desafiantes pero razonables que puedas alcanzar y luego trabajar para conseguirlos.

Art tenía razón. La mejor manera para volverse a poner en pie era experimentando nuevos éxitos. Si los objetivos iniciales eran demasiado exigentes, era menos probable que eso ocurriera.

Al fijarnos objetivos realistas y alcanzables, cada vez que conseguimos uno añadimos credibilidad a la imagen que tenemos de nosotros mismos. Nos otorgamos pruebas de nuestra capacidad, lo cual construye una base sólida para nuestro siguiente paso. El éxito genera éxito y, siguiendo el consejo de Art, Ron no sólo fue capaz de conseguir un sustituto para el cliente que había perdido, sino que también aumentó sus ventas totales a lo largo de los siguientes meses.

Centrarnos en anteriores logros

La insatisfacción y los fracasos no se limitan a nuestra profesión. Naturalmente, pueden afectar a cualquier ámbito de nuestra vida. Para Michelle, su matrimonio era una fuente de aflicción. Los reproches constantes de su marido habían convertido a una mujer vibrante y segura de sí misma en una persona derrotista, asustada y desanimada.

Michelle se había casado poco tiempo después de graduarse en la universidad. A pesar de que quería enseñar, su marido la convenció de que aceptara un empleo de administradora en un banco. Sentía que tenía mucha creatividad por ofrecer, pero él no dejaba de decirle que ella no era capaz de ocupar ningún cargo de responsabilidad. Encontraba defectos a todo lo que ella hacía y alimentaba su propio ego a base de destrozar el de Michelle.

Después de tres años de vivir así, Michelle se divorció y decidió rehacer su vida. Analizó su pasado y descubrió que su época más feliz y próspera había sido cuando iba a la universidad, de modo que se inscribió en el departamento de formación continua de una universidad de la zona. Su participación en clase, sus informes de investigación y sus excelentes notas reforzaron su imagen de una persona que podía lograr lo que se proponía.

Su éxito en la universidad le dio coraje para matricularse en un programa de máster, donde logró tan buenos resultados que le pidieron que formara parte de la facultad al terminar el curso.

Al centrarse en sus anteriores logros y buscar oportunidades para repetirlos, Michelle logró salir de su abatimiento y se volvió a poner en pie para gozar de una vida feliz y satisfactoria.

ↄ

Un hombre con carácter encuentra un atractivo especial en la dificultad, puesto que únicamente al superarla puede advertir sus posibilidades.

Charles de Gaulle, expresidente francés

ↄ

Superar la tristeza

Cuando nos alcance la tristeza, no debemos dejar que enturbie nuestra esperanza. El brillante sol *naranja* todavía está allí. Sólo está escondido temporalmente tras las nubes *negras*. El camino hacia las cumbres *plateadas* puede estar bloqueado por la *verde* envidia de los demás, distorsionado por la ira *morada* o impedido por las luces de color *ámbar* que nos hacen ser más cautelosos. Para volver a ver todo de color *rosa* debemos visualizar nuestros objetivos con una claridad *cristalina* y avivar esas llamas *rojas* de nuestro entusiasmo para superar nuestros problemas con una *blanca* erupción de fuerza y determinación que nos permita saltar por encima de los pozos *negros* que nos impiden alcanzar nuestros objetivos y cambiar el *gris* oscuro de nuestra vida para abrazar el sueño *dorado*.

ೞ

*Uno de los aspectos más trágicos que conozco de la naturaleza humana
es que todos tendemos a posponer la vida.
Todos soñamos con ver un jardín de rosas mágico en el horizonte,
en lugar de disfrutar de las rosas que hoy florecen
al otro lado de la ventana.*

Dale Carnegie

ೞ

Resumen

- Por muy buenos que seamos en nuestras iniciativas, experimentaremos decepciones de vez en cuando. El modo en que abordamos estas decepciones, derrotas y experiencias desagradables no sólo afecta a nuestro trabajo y profesión, sino que también puede tener un profundo impacto sobre nuestra salud psicológica.

- No podemos controlar el modo en que nuestros jefes pueden criticarnos, pero sí cómo nos tomamos esas críticas. Está en nuestras manos considerar que la crítica es una experiencia de aprendizaje y no una situación humillante.
- Cuando estemos frente a un jefe con el que cuesta razonar, debemos recordar que no podemos cambiar su comportamiento. La mejor manera de superar esta situación es concentrándonos en aquello que sí podemos controlar y cambiar.
- Los desacuerdos son inevitables. Sin embargo, el modo en que los abordamos puede ser determinante en nuestras relaciones.
- Probablemente, la preocupación más seria que tiene un trabajador es la pérdida del empleo. Con una planificación cuidadosa y tomando medidas para destacar como empleados valiosos, podemos maximizar nuestra probabilidad de evitar el despido.
- Muchas veces las personas que logran eludir los recortes de personal experimentan lo que los psicólogos denominan «culpa del superviviente». Sienten alivio por no haber perdido su trabajo, pero también disgusto por el destino de sus compañeros menos afortunados y preocupación por que les guarden rencor a causa de su mejor suerte. Podemos superar estos problemas emocionales siguiendo los diez consejos para reducir el estrés enumerados en este capítulo.
- En nuestra vida privada recibiremos críticas de vez en cuando. Igual que hacemos en nuestro trabajo, es importante permanecer tranquilos y tratar de aprender de las críticas. Siempre debemos recordar que no es lo mismo hacer algo mal que ser una mala persona.
- Tras una decepción importante, ya sea en el trabajo o en otros aspectos de nuestra vida, es probable que nuestra moral caiga en picado.
- Todos tenemos la capacidad de volvernos a poner en pie y de superar la depresión que nos desmoraliza cuando las cosas van mal. Deberíamos hacer todo lo posible por corregir los problemas

tangibles, pero también tenemos que tomar medidas explícitas para superar la depresión psicológica que puede estar minando nuestra fuerza y energía.

Apéndice A

Sobre Dale Carnegie

Dale Carnegie fue un pionero de lo que ahora se conoce como el movimiento del potencial humano. Sus enseñanzas y libros han ayudado a personas de todo el mundo a tener confianza en sí mismas y a ser agradables e influenciables.

En 1912, Dale Carnegie ofreció su primer curso en una conferencia pública en una YMCA de Nueva York. Como en la mayoría de conferencias públicas de aquella época, Carnegie empezó la charla con una clase teórica, pero pronto se dio cuenta de que los miembros de la clase parecían estar aburridos e inquietos. Tenía que hacer algo.

Dale dejó de hablar y, tranquilamente, señaló a un hombre de la última fila y le pidió que se levantara y hablara de manera improvisada sobre su pasado. Cuando el estudiante terminó, le pidió a otro que hablara de sí mismo, y así hasta que todos los presentes intervinieron. Gracias a los ánimos de sus compañeros de clase y a las orientaciones de Dale Carnegie, cada uno de ellos superó su miedo y pronunció charlas satisfactorias. «Sin saber lo que estaba haciendo, hallé el mejor método para conquistar el miedo», declaró Carnegie posteriormente.

Sus cursos se hicieron tan populares que fue invitado a ofrecerlos en otras ciudades. A medida que transcurrieron los años, mejoró el contenido del curso. Descubrió que los estudiantes estaban interesados sobre todo en aumentar la confianza en ellos mismos, en mejorar sus relaciones interpersonales, en triunfar en sus profesiones y en superar el miedo y la preocupación. A raíz de ello, modificó el curso para tratar sobre estos asuntos en lugar de centrarse en hablar en público. Estas charlas se convirtieron en los medios hacia un fin en vez de una finalidad en sí misma.

Además de lo que aprendió de sus estudiantes, Carnegie participó en una amplia investigación sobre la manera de abordar la vida de hombres y mujeres triunfadores, y lo incorporó en sus clases. Esto le llevó a escribir su libro más famoso, *Cómo ganar amigos e influir sobre las personas.*

Este libro se convirtió de inmediato en un best seller y desde su publicación en 1936 (y su edición revisada en 1981) se han vendido más de veinte millones de copias y se ha traducido a treinta y seis idiomas. En el año 2002, *Cómo ganar amigos e influir sobre las personas* fue elegido el primer Libro de Negocios del siglo XX. En 2008, la revista *Fortune* lo calificó como uno de los siete libros que todo líder debería tener en su biblioteca. Otro libro del autor, *Cómo dejar de preocuparse y empezar a vivir*, escrito en 1948, también ha vendido millones de copias y se ha traducido a veintisiete idiomas.

Dale Carnegie murió el 1 de noviembre de 1955. La necrológica de un periódico de Washington resumió su contribución a la sociedad del siguiente modo: «Dale Carnegie no resolvió ninguno de los misterios profundos del universo pero, quizás, más que nadie de su generación, ayudó a los seres humanos a aprender a relacionarse, y a veces es una de las necesidades más importantes».

Sobre Dale Carnegie & Associates, Inc.

Fundado en 1912, el Curso de Dale Carnegie evolucionó desde la creencia de un hombre en el poder de la autosuperación hasta una empresa de formación, con oficinas en todo el mundo, centrada en la actuación de las personas. Su objetivo es ofrecer a los empresarios la oportunidad de perfeccionar sus habilidades y mejorar su actuación a fin de obtener resultados positivos, firmes y provechosos.

El cúmulo de conocimiento original de Dale Carnegie se ha ido actualizando, ampliando y refinando a lo largo de casi un siglo de experiencias de la vida real. Las ciento sesenta franquicias de Dale Carnegie repartidas por todo el mundo utilizan sus servicios de formación y consulta con empresas de todos los tamaños y de todos los ámbitos para mejorar el aprendizaje y la actuación. El resultado de esta experiencia colectiva y global es una reserva en expansión de la visión de negocios en la que confían nuestros clientes para impulsar sus resultados empresariales.

Con su sede central en Hauppauge, Nueva York, el Curso de Dale Carnegie se halla en los cincuenta estados de Estados Unidos y en otros setenta y cinco países. Más de 2.700 instructores presentan sus programas en más de 25 idiomas. El Curso de Dale Carnegie se dedica a servir a la comunidad de empresarios de todo el mundo. De hecho, aproximadamente siete millones de personas lo han realizado.

El Curso de Dale Carnegie destaca los principios y procesos prácticos mediante el diseño de programas que ofrecen a las personas el conocimiento, las habilidades y la práctica que necesitan para aumentar el valor de sus empresas. Por su fusión de soluciones demostradas con desafíos reales, el Curso de Dale Carnegie es reconocido internacionalmente como la formación líder encargada de sacar lo mejor de las personas.

Entre las personas graduadas en estos programas se encuentran directores de las mayores empresas, propietarios y directivos de empresas de todos los tamaños y de todas las actividades comerciales e industriales, líderes del gobierno e innumerables individuos cuyas vidas han mejorado notablemente a raíz de esta experiencia.

En una encuesta mundial sobre la satisfacción del cliente, el 99 % de los graduados en el Curso de Dale Carnegie están satisfechos con la formación que reciben.

Sobre el editor

Este libro fue compilado y editado por el doctor Arthur R. Pell, que fue asesor de Dale Carnegie & Associates durante veintidós años y fue elegido por la empresa para editar y actualizar el libro *Cómo ganar amigos e influir sobre las personas*. También es el autor de *Enrich Your Life, the Dale Carnegie Way* y escribió y editó *The Human Side*, un artículo mensual de Dale Carnegie que se publicó en 150 revistas comerciales y profesionales.

Es autor de más de cincuenta libros y de cientos de artículos sobre gerencia, relaciones humanas y autosuperación. Además de sus propios escritos, el doctor Pell ha editado y revisado libros clásicos acerca del potencial humano, tales como *Piense y hágase rico*, de Napoleon Hill; *El poder de la mente subconsciente*, de Joseph Murphy; *Como un hombre piensa así es su vida*, de James Allen; *El sentido común*, de Yoritomo Tashi, y obras de Orison Swett Marden, Julia Seton y Wallace D. Wattles.

Apéndice B

Los principios de Dale Carnegie

Ser una persona más amigable

1. No criticar, condenar o quejarse.
2. Demostrar aprecio honesto y sincero.
3. Despertar en la otra persona un deseo impaciente.
4. Estar verdaderamente interesados en los demás.
5. Sonreír.
6. Recordar que el nombre de una persona es para ella el sonido más dulce en cualquier idioma.
7. Saber escuchar. Animar a los demás a hablar de sí mismos.
8. Hablar en términos de los intereses de los demás.
9. Hacer que los demás se sientan importantes, y hacerlo con sinceridad.
10. A fin de sacar lo mejor de una discusión, evítala.
11. Respetar la opinión de los demás. Nunca decirle a una persona que está equivocada.
12. Si uno está equivocado, debe admitirlo rápidamente y con empatía.
13. Empezar de manera amigable.
14. Conseguir que la otra persona nos diga que «sí» inmediatamente.
15. Dejar que los demás hablen más que nosotros.
16. Permitir que la persona sienta que la idea es suya.

17. Intentar honestamente ver las cosas desde el punto de vista de la otra persona.
18. Ser comprensivos con las ideas y los deseos de los demás.
19. Apelar a los motivos más nobles.
20. Escenificar nuestras ideas.
21. Lanzar desafíos.
22. Elogiar y apreciar honestamente.
23. Llamar la atención sobre los errores de los demás indirectamente.
24. Hablar sobre los propios errores antes de criticar a los demás.
25. Preguntar en lugar de dar órdenes.
26. Permitir que la otra persona salve las apariencias.
27. Elogiar siempre cualquier mínima mejora. Ser «calurosos con nuestra aprobación y generosos con los elogios».
28. Ofrecer a la otra persona una buena reputación a la que aspirar.
29. Dar ánimos. Hacer que los defectos parezcan fáciles de corregir.
30. Lograr que los demás estén contentos de hacer lo que les pedimos.

Principios fundamentales para superar la preocupación

1. Vivir en «compartimentos estancos al día».
2. Cómo enfrentarse a los problemas:
   - Preguntarse: «¿qué es lo peor que me podría ocurrir?».
   - Prepararse para aceptar lo peor.
   - Tratar de mejorar lo peor.
3. Recordarse a uno mismo el precio desorbitante que se puede pagar por la preocupación en términos de salud.

Técnicas básicas para analizar la preocupación

1. Conseguir todos los datos.
2. Sopesarlos y tomar una decisión.

3. Una vez tomada la decisión, actuar.
4. Anotar y responder las siguientes preguntas:
   - ¿Cuál es el problema?
   - ¿Cuáles son las causas del problema?
   - ¿Cuáles son las posibles soluciones?
   - ¿Cuál es la mejor solución posible?
5. Acabar con el hábito de preocuparse antes de que éste acabe con nosotros.
6. Mantenerse ocupado.
7. No preocuparse por pequeñeces.
8. Usar la ley de la probabilidad para eliminar nuestras preocupaciones.
9. Cooperar con lo inevitable.
10. Decidir cuánta ansiedad merece una cosa y negarse a darle más.
11. No preocuparse por el pasado.
12. Cultivar una actitud mental que nos aporte paz y felicidad.
13. Llenar nuestra mente de pensamientos de paz, coraje, salud y esperanza.
14. Nunca intentar vengarnos de nuestros enemigos.
15. Esperar ingratitud.
16. Hacer un recuento de nuestras ventajas, no de nuestros problemas.
17. No imitar a los demás.
18. Intentar beneficiarse de las propias pérdidas.
19. Hacer felices a los demás.

Índice

La habilidad para comunicarse eficazmente con los demás no es necesariamente innata. Cualquier persona que lo desee puede adquirirla. Lo único que necesita es voluntad y determinación. Podemos hacer que una reunión aburrida se convierta en un encuentro dinámico y provechoso. Podemos inspirar y motivar a nuestros socios para cumplir y superar los objetivos que les planteamos.

Todos los profesionales deben ser capaces de expresar sus opiniones con claridad, concisión y convicción, especialmente en situaciones espontáneas e inesperadas. Estas situaciones requieren coraje, confianza, capacidad de organizar los pensamientos rápidamente y capacidad de expresarlos de una manera coherente y persuasiva. En este libro el lector aprenderá algunas estrategias para mejorar su comunicación, tanto oral como escrita, contribuyendo así a dar un paso importante para triunfar en su trabajo y en cada aspecto de su vida.

¿Te imaginas ser capaz de comunicarte con más influencia y entusiasmo y de transmitir tus ideas con claridad y concisión? con este clásico de la autoayuda, puedes.

DALE CARNEGIE
Autor del best seller
Cómo ganar amigos e influir sobre las personas

SUPERAR LAS
PREOCUPACIONES
Y EL ESTRÉS

EDICIONES OBELISCO

¿Cuántas veces nos hemos despertado por la noche, angustiados, preocupados por algún problema que debemos resolver al día siguiente o en un futuro próximo? ¿En cuántas ocasiones, mientras disfrutábamos de una actividad, nuestra mente se ha visto invadida de repente por algún conflicto que nos martiriza?

Es muy probable que la mayoría de nosotros hayamos sido víctimas de esos ataques de ansiedad en innumerables ocasiones. Sin embargo, muchas veces esos asuntos que nos preocupan tanto acaban siendo cuestiones de relativa importancia. Jamás conseguiremos resolver un problema si sólo nos preocupamos por él. Si, en cambio, usamos nuestra energía para abordar el asunto de forma constructiva y para superar nuestra ansiedad, nos convertiremos, sin duda, en personas más saludables y felices.

En este libro, Dale Carnegie analiza esta cuestión a fondo y propone estrategias sencillas y eficaces para liberarnos del estrés y las preocupaciones, y prosperar, así, en la vida cotidiana.